中

桜洲

明治の

頼られた名参謀

【文庫改訂版】

屋敷茂雄
Yashiki Shigeo

幻冬舎
MC

中井桜洲　明治の元勲に最も頼られた名参謀【文庫改訂版】◆目次

プロローグ

紅葉の名所として知られる京都東福寺の通天橋の上流屋根付きの木橋、偃月橋《えんげつ》がある。三門から本堂を抜けてこの橋を渡っていくと、小さいながらも小ぎれいな室町風回遊式庭園に突き当たる。塔頭《たっちゅう》即宗院《そくしゅういん》である。西郷隆盛《さいごうたかもり》が僧月照《げっしょう》とともに幕府の目を逃れて密議をこらした場所として知られ、裏には京都に骨を埋めた薩摩《さつま》藩士の墓地が控えている。なかでも、人目を引くのは、一段高い場所に造られた中井桜洲《なかいおうしゅう》とその一族の墓であり、中井家およびその本家ともいうべき横山家累代の墓石が並んでいる。

中井桜洲は本名を中井弘《ひろむ》といったが、いずれの名前にしろ、この人物を知る人ははなはだ少ないと言ってよいだろう。幕末・明治史に興味のある人か、坂本龍馬《さかもとりょうま》、あるいは「平民宰相《さいしょう》」といわれ親しまれた原《はら》 敬《たかし》の研究者以外にはなじみがないと思う。

中井は薩摩出身であったが、薩摩藩士のみならず坂本龍馬から始まり、木戸《きど》孝允《たかよし》、大久保《おおく ぼ》利通《としみち》、伊藤博文《いとうひろぶみ》、井上《いのうえ》 馨《かおる》、山県有朋《やまがたありとも》といった、維新の元勲《げんくん》のほとんどと親交があった。特筆すべきことは、幕末から維新に至るほとんどすべての重大な事件に関わっていることである。

そして、維新から十五年後、中井は原 敬に娘を嫁がせるという芸当を演じた。したがって、原 敬に関する伝記には必ずと言ってよいほど中井が登場する。娘貞子《さだこ》と原が結婚したのは、明治十六（一八八三）年だが、ふたりは中井の死後離婚する。それでも数えてみれば、十一年間、中井は原の岳父《がくふ》だったのである。

ふたりの結婚披露宴が行われたのは、ちょうど日本初の洋式社交場「鹿鳴館《ろくめいかん》」の落成式の一週間あとのことであった。この日程は偶然なのか、あるいは意図的なものなのかどうかははっきりしないが、鹿鳴館という名前をつけた人物が中井その人である。時の外務卿《きょう》井上 馨の要請に応えたものであった。中井は明治九（一八七六）年から十七年まで工部省に勤め、日本の初期インフラ整備など近代化に尽力したが、鹿鳴館の命名者となったのはその当時のことである。

そしてこれも不思議な縁だが、「鹿鳴館のクイーン」として活躍した井上夫人武子《たけこ》は、これより十五年ほど前には中井の妻であった。

幕末といえば、真っ先に思い浮かぶ人物は西郷隆盛と坂本龍馬である、と言い切ってもよいであろう。龍馬が残した歴史的大事業といえば誰もが大政奉還を挙げると思うが、中井はこれにも密接に関わっている。そしてもうひとつ、本書で明らかにしようとしているのは中井と「船中八策《せんちゅうはっさく》」の関係である。

龍馬は、京都の醤油《しょうゆ》商「近江屋」で慶応三（一八六七）年十一月十五日に暗殺された。最後の将軍となった徳川慶喜《とくがわよしのぶ》から大政が奉還されてちょうどひと月後のことであった。

暗殺者については、今まで数えきれない書物のなかで、さまざまな人物が浮かんでは消えたが、大方の史家が一致して挙げているのは、京都見回り組の佐々木唯三郎《ささきたださぶろう》の配下であった今井信郎《いまいのぶお》である。しかし、いまだにこれを否定する研究者もかなりいて、今井説が確定しているとは言いがたい。

さらに研究者の意見が大きく分かれているのは、この事件には黒幕がいたのか、いなかったのかという点である。これについては、すべての意見が百パーセント推測の域を出ないので、その真偽を問うことは別の機会に譲りたい。

この血生臭い暗殺事件が起こったあとのことだが、翌十二月には新政府より王政復古の大号令が出され、年が明けてから各国の公使に通告された。いよいよ薩摩、長州、土佐、肥前の出身者でかためられたエリートたちの出番である。

一月の中旬に太政官《だじょうかん》が発表した人事で、外国事務局御用掛《ごようがかり》として中井をはじめとした六名が任命された。主に外国政府高官の接待や紛争の解決に力を尽くし、のちにカミソリと形容された名外相陸奥宗光《むつむねみつ》もそのうちのひとりであった。

萩原延壽《はぎわらのぶとし》は『陸奥宗光』〈上〉（朝日新聞社）のなかで次のように記している。


坂本龍馬の死（慶応三年十一月十五日）とそれにつづく復讐戦（同年十二月七日）をすませてから、海援隊や陸援隊の同志とも行動を共にせず、しばらくその足跡を消していた陸奥の消息がふたたびはっきりしてくるのは、年を越えて、慶応四年（一八六八）正月のことである。

この月の中旬、陸奥は長州出身の伊藤俊輔（博文）、井上聞多（馨）、薩摩出身の寺島陶蔵（宗則）、五代才助（友厚）、中井弘蔵（弘）らとともに、新政府の外国事務局御用掛に任命された。（略）肥前出身の大隈八太郎（重信）が外国事務局に加わるのは、それから約三か月後である。
このとき陸奥は二十五歳で、最年少である。同僚の年齢は、寺島が三十七歳、井上と五代が三十三歳、中井と大隈が三十一歳、伊藤が二十八歳である。（筆者注・年齢は数え）

明治十年（一八七七）あたりを境にして、木戸孝允、西郷隆盛、大久保利通などの明治政府の第一期の指導者が相ついでこの世を去って以後、いわば第二期の指導的な存在となってゆく人物の名前が、ここに出揃っているのは興味ぶかい。

陸奥宗光といえば、その全貌をとらえたともいうべき、岡崎久彦の『陸奥宗光』〈上〉（ＰＨＰ研究所）からも、このくだりを引用したい。

岩倉は、陸奥の議論に一々同感の意を表した。そして、一月十日付で各国に対し大政奉還と王政復古を通知する文書を作り、かつ、同日国内に対しては、「大勢まことにやむを得ず、このたび朝議の上、断然和親条約取り結ばせられ候」と布告し、一月十一日には、陸奥を外国事務局御用掛に任命した。「大勢まことにやむを得ず」というのは、やや弁解めいているが、従来尊皇派の中心をなした攘夷派に開国をきめつけるためには、こういう表現が必要な情況だったのである。

同じ日付で外国事務局御用掛に任命されたのは、伊藤博文《いとうひろぶみ》、井上馨《いのうえかおる》（以上長州）、寺島宗則《てらしまむねのり》、五代才助《ごだいさいすけ》、中井弘《なかいひろし》（以上薩摩）といった薩長の錚々《そうそう》たる俊秀であり、陸奥はまだ二十五歳で最年少であった（のちに陸奥の政治的ライヴァルになる大隈重信《おおくましげのぶ》は、三カ月遅れて任官している）。

この二冊の『陸奥宗光』を読まれた一般の読者は、中井弘という聞き慣れぬ名前に注目せざるを得ないであろう。萩原は「（三傑《さんけつ》の他界後）いわば第二期の指導的な存在となってゆく人物」のなかに加えているし、岡崎は「薩長の錚々たる俊秀」のひとりとして挙げている。

しかし、明治二（一八六九）年に早々と実業界に身を投じてしまった五代を除くと、このなかで、爵位をもたないのは中井だけである。伊藤は公爵、井上と大隈は侯爵、寺島と陸奥は伯爵である。だから、世人が知らないのも無理からぬことだとも言えるが、これこそが、後年原 敬に多大な影響を与え、平民宰相の実現を促すことになる中井の哲学を実践したものであった。

中井は、爵位などというものは外面を飾る宝石のようなものにすぎず、人生はそういったことに惑わされずに悠々と渡ってゆくものだと達観していた。

明治政府誕生のときまで、中井の名前を探し出すのは難しい。木戸や大久保といった元勲たちの日記にも、中井という名前は現れない。しかし、慶応から明治に改元された一八六八年、彼らの日記のなかに突然、顔を出す。

中井弘蔵《こうぞう》という名で公然と維新の舞台に登場するのである。

とはいっても、彼は、これ以前からすでに、薩長土肥の志士たちの間ではよく知られた存在であった。

その理由のひとつに、慶応年間（一八六五～六八年）、宇和島藩主の伊達宗城《だてむねなり》がことのほか中井を引き立てて、同藩周旋役を務めさせたり、長崎で知り合った土佐藩参政後藤《ごとう》象二郎《しょうじろう》が自藩の重役たちに彼を紹介したりしたことが挙げられるが、なんといっても坂本龍馬と親しい友人関係にあったことが、大きく影響していると言ってよいだろう。長崎で中井を龍馬に引き合わせたのは、五代才助である。彼は安政四（一八五七）年に藩命により長崎の幕府海軍伝習所へ入ったが、そこで知り合った勝海舟《かつかいしゅう》によって七年後の元治元（一八六四）年、龍馬を紹介された。このとき五代を頼ってたまたま長崎に来ていた中井も龍馬に引き合わされた。

龍馬は維新の三傑、西郷隆盛、木戸孝允、大久保利通といった元勲たちや薩長の主だった藩士たち、あるいは、勝海舟のような優れた幕臣、松平春嶽《まつだいらしゅんがく》のような英明な藩主たちとも会合を重ね、種種の周旋に多忙であった。

中井は龍馬より三歳年下であるから、同じ時代の空気を吸って成長したと言える。そして龍馬の人間的魅力に惹《ひ》かれ、大きな影響を受けた。同時に中井の側からも龍馬に少なからず影響を与えた。それは、本来、故島津斉彬《なりあきら》公の抱いた構想のなかに含まれていたことであるが、同じことを考えていた五代才助の計画でもあった。つまり、西洋の政治制度、法律の制定、科学と文物の導入である。そして、はからずも慶応二（一八六六）年の秋になって、この遠大な計画が実行に移され、その翌年中井もイギリスへ渡ることになる。約半年後に帰国したと思うと、龍馬や後藤象二郎の手足となって大政奉還の重要性を説いて奔走し、この年ついにその実現を見る。これが、薩長の主だった志士たちから一目置かれる要因となった。

この外国事務局御用掛の人事がいち早く各国公使に通知されたとき、イギリスの書記官アーネスト・サトウは次のような日記（陰暦一月十七日）をしたためている（『遠い崖――アーネスト・サトウ日記抄』〈6〉萩原延壽、以下『遠い崖』と記す）。

後藤久二郎は中井弘蔵（弘）と名前をかえ、外国事務局に属しているという。
（筆者注・『一外交官の見た明治維新』〈下〉〈岩波文庫〉においては久次郎と記載されている）

後藤象二郎をもじった後藤久二郎とは、ちょっと悪ふざけのような気もするが、これは、前年にあたる慶応三年の十月末に中井がサトウに会いに行ったとき一時的に用いた変名である。いたずら好きの中井のアイデアとも思えるが、もともと幼名を休次郎《きゅうじろう》といったので、それを象二郎と合体させたところがユーモラスだ。

同じ時期に書かれた土佐藩重役たちの日記を読むと、すべて田中幸助《たなかこうすけ》となっていて、休次郎のあとに元服して名乗ることになった休之進《きゅうのしん》という本名は、小説のたぐい（たとえば池波正太郎著『人斬り半次郎』立風書房・のち講談社など）は別にして、私の知る限り現存する史料には一切現れない。次章で詳述するように、このことが中井の前半生における意外な事実の鍵を握っている。

そして、翌慶応四（一八六八）年の一月、神戸事件とも備前事件ともいわれる外国人殺傷未遂事件が、二月には土佐藩士たちがフランスの水兵を斬《き》った堺事件が起こる。日付から見ると、外国事務局は、最初の神戸（備前）事件に対応するために急遽《きゅうきょ》設置されたものに違いなく、サトウはその後の堺事件のあと（三月十一日・陰暦二月十八日）、日記にこう記している（『遠い崖』〈6〉）。

「サー・ハリー（パークス）個人の意見は、この事件に関係した多数の土佐藩士の処刑は当然であるが、賠償金を取り立てることには同意できない、というものであった。伊予守（伊達宗城）への伝言をわたしに命じると、土佐藩兵に殺されたフランス兵の葬儀に出席するため、チーフ（パークス）は兵庫へ向った。死者の数は、総計十一名になった。」

「ロバートソンとわたしは、この伝言をもって、伊予守を訪ねた。この任務をおえてから、われわれは小松および中井弘蔵（弘）のふたりと連れ立って、途中越前の三岡八郎（由利公正）のところに寄った後、三橋楼へ出かけた。宴会をたのしみ、おんなたちを大いにからかったあげく、ボートで領事館にもどった。」

ここに名前の挙がった小松とは、小松帯刀《こまつたてわき》であり、平成二十（二〇〇八）年のNHK大河ドラマ「篤姫」で大いに取り上げられた肝付尚五郎《きもつきなおごろう》である。西郷や大久保が最も頼りにした若き家老で、維新の立役者のひとりであった。

三岡八郎《みつおかはちろう》（由利公正《ゆりきみまさ》）は越前の名君松平慶永《よしなが》に仕えた、当時知らぬ者はない財政通の人物であって、横井小楠《よこいしょうなん》に師事し、橋本左内《はしもとさない》とも親しかった開明的な思想をもった藩士である。新政府内部では大いに期待された逸材であり、参与（のちの参議）が選ばれた際には西郷隆盛、小松帯刀、木戸孝允、大久保利通、横井小楠、後藤象二郎らと並んで最初に候補になったひとりである。

そして、サトウは、ここで中井の名を挙げている。すでに外国事務局に配属されてから二カ月経過しており、押しも押されもしない外国事務局の高官である。薩摩藩の家老職にある小松や、優秀なイギリスの外交官として、新政府が頼りにしているアーネスト・サトウ、あるいは天下に名の知られた由利公正たちと飲んで騒いでいることが不思議ではなくなっている。

中井は、このころすでに龍馬や後藤を助けて、大政奉還建白書の草稿作成に加わった人物として知られていたし、薩摩藩や長州藩の中枢にいる大久保あるいは木戸たちとも頻繁に協議を重ねていたから、政府内部では知らぬ者のない存在となっていた。

龍馬だけでなく、五代才助、後藤象二郎、宇和島藩主の伊達宗城、松根図書《まつねずしょ》たちは、中井を世に出す後押しをしてくれた。彼らとの間に築かれた人間関係が、中井の生涯に影響を及ぼしている。

私が、まだ公《おおやけ》にされていない中井家のことや、身内のなかで語り継がれてきた話などを整理し、母方の曾《そう》祖父である中井桜洲の伝記を完成させようと思い立ったのは二〇〇四年の秋であった。

その一年前から、これまでに収集した史資料の整理と新たな調査を始めていたが、もちろん初めて目にする史料も数多くあって、急いで買い込んだものや、国会図書館でコピーしたものなどを合わせると、マンションの一室を丸々占領することになった。

私は、以前から、現存する明治の人名事典に書かれている桜洲の経歴が、自分が読んだり聞いたりしたものとずいぶん異なるという印象をもっていた。そしてこの年、これはやはり身内の者が徹底して調査をし、正しい伝記を残すべきだという確信に至った。

したがって、今までの記録を頭から真実だと思い込んでいる研究者にとっては首をかしげる部分もかなりあるはずだが、数々の新事実を並べてみると、そこには今まで想像もしなかったことが見えてきたのである。これらをそのままにして、曾祖父桜洲の真実を歴史の闇《やみ》に葬ってしまうのはいかにも惜しい。これらが本書執筆の最大の動機である。

中井が他界したのは明治二十七（一八九四）年十月十日。当時京都府の五代目の知事で、日清戦争開戦直後のことであった。

原　敬は、その日の日記（『原敬日記』〈第一巻〉）にこう記している。

十日　中井弘午前四時死亡す、去五日にはベルツも態々東京より呼寄治療せしも効なし、八日正三位勲二等に叙せらる。

松方正義、税所篤、本田親雄、伊集院兼常と中井家後事を協議し、長男龍太郎を相續人に定め且つ財産處分及び管理方法等を定む（略）。

ここに記されたベルツ博士は、明治の日本に最も大きな影響を与えたといわれる東京帝大の教授である。ここでは、東京より呼び寄せたとなっているが、実際は、井上 馨が急派したのである。

中井桜洲の伝記についてひと言ふれると、調査が進むにしたがって、歴史作家や小説家が書きたくても書けない特別な事情があることがわかってきた。それは、本人が幼年期の家庭の事情や自分の生い立ちそのものを、表沙汰《ざた》にしていないことにあった。それでも後述する紀行文や簡単な挨拶《あいさつ》状、書翰《しょかん》をよく読むと、そこに重大な事実が記されていることに気づく。それは後述するが嘉永六（一八五三）年に起こった事件である。

ベルツ博士胸像

またそれだけでなく、いくつかの重要な仕事に関して、出身の薩摩藩あるいは明治政府から極秘の命令を受けて活動していた形跡もあり、あえて自身の身を潜めているような時期があったことも影響している。

不思議な生涯を送ったこの人物、いつの間にか世に現れて、いつの間にか世を去った。長くも短くもない五十六年の生涯であったが、濃密な人間関係を築いた。

しかし、それは、ミステリー小説を地で行くようなところがあり、なかなかつかみきれない。そのせいもあってか、この風流知事といわれた桜洲山人の真実を明らかにした正式な伝記は今のところ存在していない。

中井桜洲の生涯は謎に包まれている。今からそれをひとつひとつ解明していくことにしたい。

桜洲の伝記としては、中井の異母弟である横山詠太郎《よこやまえいたろう》が書いた『中井櫻洲』(以下『櫻洲』)がある。これはまた、講釈師の伊藤痴遊が本名の伊藤仁太郎の名で書いた『伊藤痴遊全集』全三十巻のなかの第八巻「怪傑伝」に、自ら筆を加えて収録したとされているものの原本だが、実際にあたってみると、手を加えた形跡はなく、原本とまったく変わるところはない。横山詠太郎は、一時中井の家に居候していたことがある。

横浜にて。左から山口尚芳、田中静州、中井桜洲、上野景範、小松帯刀
（港郷土資料館所蔵）

前掲の『原敬日記』〈第一巻〉の明治三十三（一九〇〇）年十二月五日、「横山詠太郎に櫻洲山人の事歴調査輯集を囑托す」とあるから、原敬ら中井と親交があった者は、詠太郎がそれなりに書き留めたりしたものや、記憶にとどめたものがあるだろうと期待していた節がある。このときは中井の死から六年しか経っていないので、そう思われても無理はないが、実際に詠太郎がこの著書を刊行したのは中井の死から三十二年も経過した大正十五（一九二六）年であるから、どこまで記憶が鮮明であったかわからない。それでも今のところ、詠太郎だけが書き残したと思われる記録もあるので、全部を無視することはできない。

主要な部分を抜粋して説明したい。

出　生

中井弘の本姓は横山、幼名は休次郎《きうじらう》、元服《げんぷく》してから休之進と云つた。明治元年獨立して、別家を立て、中井と名乗る。天保九年戌《いぬ》十一月朔日《ついたち》、薩洲鹿児島城下高見馬場《たかみばゞ》の邸《やしき》に生れ、父は横山休左衞門（藤原貞矩《さだのり》と謂ふて後ち詠介《えいすけ》に改む）、文化十一年戌《いぬ》五月六日生れで、明治三十年五月二十九日、八十五歳で死んだ。母は日向《ひうが》佐土原藩主島津家の臣某《それがし》の女《むすめ》、祖父は、横山休藏（藤原貞長《さだなが》）とて、明和六年四月十九日生れで、天保六年十二月二十一日、六十七歳で死去《みまか》り、祖母は、民大場《たみおほば》諸右衞門《しようえもん》の聟養子、大場五兵衞の嫡女《ちやくぢよ》で（五兵衞は兒玉五右衞門が弟）、安永七年生れ、八十一歳で大往生《だいわうじやう》を遂げた。かういふ具合で、横山家には、戌《いぬ》年生れが多い。菩提所《ぼだいしよ》は、鹿兒島新集院城山《しろやま》の舊大德寺である。

祖父の休藏は、薩藩御家老坐《ごかろうざ》の奥書役《おくしよやく》を勤め、又唐船改役御《からふねあらためやくご》右筆《いうひつ》で、長崎御使人《おつかひゞと》物頭《ものがしら》をも兼ねて人に知られた謹直家《きんちよくか》であつた。此の時の藩主は、島津重豪《しげかた》で、引續き齊宣《なりのぶ》、齊興《なりおき》と三代に仕《つか》へ、五十年の間といふものは、過失《あやまち》がなく御役を勤めた廉《かど》で、金千両を頂戴した、といふ。薩藩の記録には極めて異數《いすう》の人物であつた。

祖父休蔵の役職などについてはほかに書かれたものは見つからず、今のところ、これを参考にするしかない。たしかに祖父の代までは、真面目にお城勤めをしていたのは間違いなさそうであり、一部の門閥グループと付き合いがあったようだ。次章で詳述するイギリスへの密航にしても、できたばかりの新政府におけるスピード出世も、薩摩《さつま》藩の中枢にいる複数の人間が後押しをしてくれて実現したのではないかと考えられる。また、明治になるまでは薩摩藩士を名乗らず、あるときは宇和島藩士、あるときは土佐藩士のような顔をして、平然と京大坂を闊歩《かつぽ》していたのも同じ理由によるのではないか。こういったことが、中井の生涯における交際範囲を広げていったようにも思えてくる。

横山家は、先祖代々、武家であつた。休藏の時代には、相應に裕福《いうふく》であつたが、休左衞門になつてからといふものは、家政紊亂《かせいびんらん》し、長男休次郎、次男貞熊《さだくま》、三女くん、四女たか、長男を除き、他は早世《さうせい》した。此の長男休次郎が、成長するに従つて學問に志し、悔堂今藤《くわいだういまふぢ》新左衞門に就いて、漢籍《かんせき》を脩めた。此の今藤と云ふ先生は至つて溫《をん》厚篤實《こうとくじつ》の君子《くんし》であつたが、後に其の名を宏《こう》と謂《い》つて、重野成齋《しげのせいさい》などから見ると、先輩の儒者《じゆしや》だが、惜いかな丁丑《ていちう》の亂に賊軍に加擔《かたん》したので、其の終りを全うしなかつた。休次郎は、此の人の薫陶《くんたう》を受け、固《もと》より螢雪《けいせつ》の苦を積んだので、人知らぬ間に、學業を進歩せしめた。（略）

兎角してる内に、嘉永も六年となり、休之進が、我が家を省《かへり》みれば、父《ちゝ》休左衛門の素行《そかう》が、依然《やはり》脩《なほ》らない。折角休藏から譲り受けた家産《かさん》は、一も二もなく蕩盡《たうじん》してしまひ、謹直《きんちよく》の名家に、散々瑾《きず》を附けたのみでなく、日夜淫酒《いんしゆ》に耽り、酔ふと山芋を掘る。薩摩では酔つて怒ることを、俗に山芋を掘る、と云ふ。拔劍《ばつけん》しては當るを幸ひ、戸障子を斫《き》り破る、と云ふ始末だから、流石貞淑《さすがていしゆく》であつた女房も、實は休左衛門に、愛想《あいそ》を竭《つか》し、後髮《うしろがみ》を引かる丶思ひで、可愛い休之進を後に、郷里佐土原へ逃げ歸つて仕舞つた。

休之進は、屢々親父《ちゝ》を苦諫《いさめ》たが、露ばかりも肯《き》き入れない。そこで休之進も、熟々《つくぐ》考へた。憖《なまじ》ひに今親父《おや》を庇《かば》ひ立てした所で、共に身の破滅《はめつ》だ。大丈夫《だいじやうぶ》志を立て、國の爲めに働き、運よくば他日名を成してから、横山家再興を遂げようと決心し、一旦の不孝は恕《ゆる》させ給へと、餘外《よそ》ながら父に告別《いとまごひ》し、薩摩武士の家では、決して手を觸《つけ》ることの出來ない、軍用金三兩を、鎧櫃《よろひゞつ》から攫《つか》み出し、多年住み慣れた故鄕の空を後に、行方《ゆくへ》定めぬ天涯《てんがい》へと、小さき足を踏み出した。

中井が佩刀《はいとう》を喜ばず、道端に捨ててしまったというのはほかにも書かれているが、これは後年の創作のようだ。本来、中井は文人肌の男であったので、そのことを強調するためにこんなエピソードが語られたような気がする。なぜなら、第三章で述べるように、明治元（一八六八）年、名うての青年剣士であった林田貞堅《はやしださだかた》（朱雀《すざく》操《みさお》）と激闘し、最後には林田の胸部を刺し、ついにその首級を挙げた記録があるほどだから、若いころは周囲の薩摩の友人たちの影響もあって、それなりに剣術修行もしたと思われる。出身が高見馬場だとすると、そこの郷中には寺田屋で死んだ示現流の使い手たちが何人もいたから、もし腰に帯びる刀を道端へ投げ捨てたりしたら、とっくにあの世へ行っていたに違いない。これについては、勝海舟研究の第一人者で元お茶の水女子大学教授の勝部真長《かつべみたけ》氏も、『西郷隆盛　歴史人物シリーズ――幕末・維新の群像』（ＰＨＰ研究所、一九九〇）のなかで同様の指摘をしていることを付け加えておきたい。

このあとの記述は、中井の話が不正確であったのか、聞いた詠太郎の記憶違いかはっきりしないが、中井は、米艦が浦賀へやってきたあとに捕まり、のちに赦《ゆる》され、その後嘉永も六年となり、となっているが、そもそも黒船が来航したのが嘉永六（一八五三）年であるから、この部分は無視するしかない。

また、ここに名前が出た石川伯耆守なる人物は徳川家康《いえやす》の懐刀といわれた戦国時代の武将である。なぜこんなところに出てくるのか理解に苦しむ。おそらく薩摩藩の記録には残っていない架空の出来事ではないか。


休之進十六歳といえば嘉永六（一八五三）年である。この年ペリーが黒船を率いて浦賀へやってきたのだが、どこをどう探しても嘉永六年に五代が脱藩したという記録は見当たらない。五代才助は、中井が十代のときに付き合った友人としてただひとり同書に現れる。中井より三歳年長の五代は、残された書翰《しよかん》などを読むと、中井にとって生涯の友であり恩人であったのは間違いないようだから、つい名前を出してしまったことも考えられるが、この関所破りの話は、まったくの創作であるとしか言いようがない。

中井が横山詠太郎を前に、こんなでたらめを語るわけはないが、なにしろ二、三十年も昔の話である。もしかしたら、五代が薩英戦争後に英国軍艦の捕虜となって関東地方へ送られたときの話と入り交じったか、あるいは聞いた詠太郎が混同してしまったか、どちらかだろう。この英海軍による捕虜事件は、五代が藩庁の許可なく薩摩を出た最初で最後のことであり、あらゆる五代の伝記や、薩摩藩の正史に記録として残っている。これ以外に五代が藩庁の許可を得ず、鹿児島を脱出したという記録はない。五代が藩命で幕府の長崎海軍伝習所へ入ったのは安政四（一八五七）年である。中井は翌五年あるいは六年に合流したと思われる。

話は中井の諸国流浪の旅に移る。休之進は、肥後から豊後へ落ち、ここで儒教者にして和漢の書に明るい広瀬《ひろせ》淡窓《たんそう》の食客《しょつかく》となり、塾頭のひとり園田《そのだ》謙吾《けんご》という人物の厄介になっていたが、詩に文に大いに得るところがあった。兵庫から大坂、京都へと旅を重ね、安政六（一八五九）年、ついに江戸へ入ることになる。休之進二十二歳の年である。ここで、もとは武士であった幸島正一郎という人物に見込まれてしばらく匿ってもらうことになるが、このころ鮫島《さめじま》雲城《うんじょう》という変名を用いて、大橋《おおはし》訥庵《とつあん》、藤森《ふじもり》天山《てんざん》（弘庵《こうあん》）といった儒者たちと交際することになり、盛んに尊王攘夷《じょうい》を唱えたためにその筋の嫌疑を受け、上州地方へと身を潜めた。

それから話は、父親休左衛門のことに戻る。

休左衛門の島流し

それからお咄しは、少々小戻りをするが、休之進の父、休左衛門は、親の休藏に死に別れてから、間もなく妻には逃げ去られ、搗《かて》て加へて、一人息子の休之進は、無斷で家出をして、蹤跡《ゆくへ》不明となつたので、失望やら自暴《やけ》を起し、益々自墮落《じだらく》となり、放蕩を極めるので、終《つひ》に親類一同、就中《とりわけ》姉聟の猿渡《さるわたり》家の請願で、一時懲戒的處分《ちやうくわいてきしよぶん》として、休左衛門を浪風荒き徳の島へ送ることになつた。（略）

休之進が、赦免《しやめん》に遭ふたのは、文久二年であるから、二十五の年で、殆んど二年以上、三年程も入牢して居つたのだ。此の文久二年の四月二十三日は、島津久光が、藩兵を率ゐて、京都へ入る間《ま》もないことで、彼の伏見寺田屋騒動で有馬新七《ありましんしちら》等の同志討があつて、同年八月には、例の生麥事件《なまむぎじけん》も起つた。繼《つ》いで翌年の六月二十七日には、英艦七隻が、鹿兒島砲撃となる。休之進の親父《ち》休左衛門も、此の時は召集に應じて出征した。島津家に取つては、實に多事多端《たゝん》の秋《とき》であつた。

万延元（一八六〇）年といえば、中井二十三歳の年であるから、前年の安政六（一八五九）年二十二歳の年に江戸入りしたとしても矛盾はない。

当時、江戸藩邸にはどんな人物がいたのかといえば、そこには、薩摩の精忠組の精鋭たちが詰めていたのである。精忠組は斉彬公を慕って集まった薩摩藩の中心的存在となった武士団で、薩摩示現流の達人たちを多く抱えていたことでも知られている。

有村雄助《ありむらゆうすけ》・次左衛門《じざえもん》兄弟、田中直之進《たなかなおのしん》（謙助）、高崎猪太郎《たかさきいたろう》たちである。中井がすでに名を成していた攘夷《じょうい》主義者である大橋訥庵や藤森天山たちと付き合ったのは、彼ら江戸詰めの藩士の紹介があったとみるべきであろう。

父は、中井が家を出たために荒れ狂い、親族猿渡家の請願で徳之島へ送られたとなっているが、順序は逆である。父がいなくなったあと、中井が家を出たとしないと不自然さが残る。そしてこの年に中井の半生を縛りつける大きな出来事が起こったのである。

さて、これから二度目の鹿児島脱出、そしてイギリス密航に関する記述となる。

休之進は、再び鹿児島を脱走した。今度は逸早《いちはや》く四國へ渡り、土佐藩を頼《たよ》つた所が、後藤玄暉《げんくわ》や阪本龍馬《れうまら》等が、大いに其の偉才を認めたので、藩主山内容堂公に推薦《すゐせん》して、客分の取扱ひを受けることになつた。居ること幾《いくば》くもなくして、右の兩士と諮《はか》り、時世の推移と、世界の國情とを探る必要から兩士と共に京都に出で、更に轉じて長崎へ赴いた。（略）

其處で、相談の上、休之進は兩士《ふたり》と袂を分ち、單身《ひとり》で便船を待ち、終《つひ》に積年の宿望たる、鵬程《ほうてい》萬里の壯遊を、決行することになつた。勿論此の時の旅費は、土州藩から出たのだ。此の外遊によつて、休之進は、大いに心眼《しんがん》を開拓し、人より眞先《まつさき》に、歐洲の文化に浴し、鎖《さ》港攘夷《かうじやうい》などの、愚説なることを悟つた。

當時の事情は、明治二年に出版された、航海新説に詳《つまびら》かだから、茲には略すことにするが、「煙鎖亞剌比耶海」の傑作《けつさく》も、其の中にある。休之進が、日本へ歸著したのは、慶應二年頃で、休之進が着くと、直ぐ後藤と阪本とは、長崎まで出向き、休之進と會合し、三人手を携へ、京都へ引返して、王事に奔走した。

中井は単身京都へ出て、さまざまな勤皇《きんのう》の志士活動を行うが、そのうち幕吏に追われ、またも長崎の五代を頼ることになった。五代は中井の要望を聞き入れ、自分も世話になった宇和島の藩主伊達宗城公の庇護《ひご》を求め、同藩の家老松根図書に接触した。中井はしばらく彼の屋敷に匿われた。松根は伊達公の娘を娶《めと》っており、公の信頼は厚く、許可を得てしばしば追われる者を匿った。高野長英《たかのちょうえい》しかり、村田蔵六《むらたぞうろく》（大村益次郎《おおむらますじろう》）しかり、そして中井しかりである。

松根は即座に中井を宗城公に引き合わせた。公は中井に興味を抱き、開明的といわれる筑前福岡藩主の黒田長溥《くろだながひろ》を紹介した。また京都で宇和島藩の周旋方を務めさせた。その後、中井は長崎で活動し、五代の紹介で後藤象二郎や坂本龍馬を別々に知り、英国へ渡った、というのが正しい順序である。

中井が黒田公のことにふれているのは慶応二（一八六六）年七月二日の松根にあてた書翰《しょかん》のなかで、

「これから京都を発ち、筑州を尋ねてしばらくそこに潜伏するつもりです。筑州の殿様にはこれまでもたびたびご親切を蒙《こうむ》り実に感服しております（略）」としたためている。これは松山大学の三好昌文教授編纂《へんさん》の労作である『松根図書関係文書』〈第七輯〉（宇和島・吉田旧記刊行会編）から引用した。

次に、話は大政奉還へ移り、中井や後藤が中心となってこれが実現するくだりや龍馬暗殺の記述がある。この日、たまたま中井は近江屋の隣家にいて、これに驚いて屋根伝いに逃げた、などと書いてあるがこれも創作に違いない。

続いて、人斬り半次郎の異名をもつ中村半次郎《なかむらはんじろう》と京都で活動したことが書かれている。

こちらは、桐野利秋《きりのとしあき》の日記にも記載されていて、間違いのない記録である。そして、明治になってから、突如、鹿児島へ帰藩する経緯が現れる。

外國官判事としての功績

（略）偶々《たまたま》奥州征伐から凱旋した、薩藩の諸将士と、議論を異にし、意見が合致しない所から、中井は、斷然挂冠《けいくわん》して、郷里へ歸ることになつた。此の時、大久保や伊藤、大隈の諸友は、切に之れを止めたけれども聽かなかつた。中井の顯職《けんしよく》に戀々《れんれん》たらざる事は、之れを以ても、推量し得る。

此の時分の外國官判事と云ふ役は、東京府知事と神奈川縣知事と外交官とを兼任してるのだから、極めて大役だ。此の大役を抛《なげう》つは容易の事じやない。畢竟彼れが、官職の爲めに、其の心を枉《ま》げないことは明らかだ。尤も中井は、最後まで西郷黨と爭ひ、之れが爲に苦められたことも、尋常《なみなみ》でなかつたが、一朝西郷等が、城山の露と消へ失せた、と聞いたときには、同情一掬《きく》の涙を落したと云ふ。生涯三位《み》以上の官位は、泉《せん》下《か》の彼等に對しても貰はぬ、と口癖の様に云はれたが、果して其の言葉の通りであつた。

　歸郷と休左衛門

斯くて中井は、閑雲野鶴《かんうんやかく》を侶《とも》にするに至つた。鹿兒島へ歸休する途次《みちすがら》、種々土產物《みやげもの》など持參し、佐土原へ立寄り、久し振りで慈母《はゝ》に對面し、互《たが》ひに其の無事を祝し居ること數日、此處を發足《たつ》て、雨中鹿兒島へ向つた。（略）

國へ歸つて見れば、父は二回目の遠島で、鬼界ケ島へ遣られて居たので、早速藩主に願つて、父を島から引取ることにした。休左衛門が、斯かる憂目に逢ふも、身から出た銹《さび》とは云ひ乍らも、兒として親を戀《した》ふの情は、又格別。波路《なみじ》遙かな、鬼界ケ島から、色褪《いろあ》せた短褐弊履《たんかつへいり》で、戻つて來た父の姿を見て、中井は、無量の感慨にうたれた。

中井は、前の濱まで出迎へたが、父は多年の蜑雨鹹風《べんうかんふう》に曝され、蓬髮赭顏《ほうはつしやがん》、其の瘦《やつ》れ方と云つたら、宛然《さながら》昔の俊寛《しゆんくわん》も、斯くやと思はれた。之に引換へ、休左衛門の眼からは、如何にも息子は、見違へる程立派になつたので、嬉し涙を零《こぼ》さずに居られない。何にしろ此の時分の中井は、最早や押しも押されもしない、天下の人物となつて居た。其の名は誰知らぬ者もない位、藩主ですら今では、敬意を拂はれるのだから、休左衛門も、鼻が高い。直ぐさま鹿兒島城下で、千石馬場《せんごくばゞ》通《どほ》りの角に、三千坪許《ばか》りの地面を撰定して、之れに宏壯な邸宅《やしき》を構へて、父休左衞門の住居《すまゐ》に充《あ》てた。新築披露には親《しん》類《るゐ》一同知人を招待し、之れに金銀製の刀劍、其の他貴重品を惜氣《おしげ》も無く頒與《わけ》たので、當時の人目を聳《そび》やかした。休左衞門も、今では稍や舊夢より覺醒《さめ》たる心地、悔悛《くわいしゅん》の色も見《あらは》れた。家庭は至極圓滿、十六年振りで、父子團欒《だんらん》の樂みをなすことになつた。此の時父は、横山詠助と改名し、新生涯を送ることになり、中井も、井上播摩守《はりまのかみ》と曰《い》ふ、神官の娘を貰つて、一女一男を擧げた。詠助も後年、更に妻を迎へ、二男一女が出來た。其の長男が筆者《ひつしゃ》で、中井が後に、京都府知事になつてから、之れに横山家の相續を命じて、安堵の胸を撫でた。

ここに書かれた挂冠《けいかん》と帰藩は唐突であるが、外務省の記録にもはっきり記されている事実である。しかしながら、どの文献を見てもその理由は曖昧《あいまい》である。初め、冒頭の二行は疑わしいと思っていたが、調べが進むにしたがって、東北各地から凱旋《がいせん》した薩摩武士たちの、政府に対する不満は尋常のものでなく、東京の政府部内に残っていた官僚たちとは激しく対立したことがわかってきた。しかし、これは木戸、大久保あるいは後藤象二郎といった政府高官たちと仕事に取り組んでいた中井たちを攻撃したとするには、矛盾が多すぎて取り上げるのは難しい。これは木戸や大久保、あるいはサトウの日記を見れば歴然としている。

『櫻洲』項にはしかし、他の資料には現れない情報が含まれていて興味深い。それは、中井が娶ったという井上播摩守の娘という存在である。実は、中井には四人の妻がいた。氏名が定かではない長男龍太郎の母、その下の長女貞子と次男與市《よいち》の母フミ（『原敬日記』および『原敬関係文書』参照）、次は、これも氏名がわからない三男松太郎の母、そして最後は、子供を産まなかった竹子《たけこ》である。彼女たち四人が正妻である。竹子は滋賀県大津婦人慈善会の会長を務め、慈善事業における功績を認められて何度か国から表彰された経歴があり、大津の三井寺に碑が立っている。中井の存命中に三十五歳の若さで他界した。

このほかに、ほんの短い間だがともに暮らし、後年井上馨の後妻になる武子がいる。しかし、鹿鳴館《ろくめいかん》の女主人と呼ばれたこの武子は正妻ではない。

子供の年齢から推測すると、井上播摩守の娘は、貞子と與市の母フミと思われるが、彼らの生年（明治二年および六年）から考えると、ふたりの子供の生誕地は鹿児島ではないようだ。いずれにしても、この女性の存在についてふれたのは『櫻洲』だけであることを思うと、(中井の婚姻について詳しく調べようとするなら)この著作は無視できない一冊である。

司馬遼太郎《しばりょうたろう》の大作『翔ぶが如く』。第七巻に、中井が西郷をどう思っていたかについて、次のように書かれている。

この時期の薩摩人に、中井弘(一八三八―一八九四)という人物がいる。通称は休之進、号は桜洲。

幕末、薩摩藩の傾向として一藩の統制を重んじたため、脱藩者というものをほとんど出さなかったが、中井弘はその数すくないひとりである。このため、幕末において西郷の恩や影響を蒙《こうむ》るところがすくなく、圏外に立って西郷を観察できた。

ちなみに中井の略歴は、土佐に奔《はし》って土佐藩の後藤象二郎の庇護をうけ、慶応二年、土佐藩の藩費で、渡英し、翌年帰朝した。帰朝後、宇和島藩主伊達宗城《むねなり》にその才を愛され、宇和島藩士になって他藩との外交の衝にあたり、維新後、外国事務係や東京府判事になったりした。明治三年に鹿児島県に帰籍し、同四年、西郷が廃藩置県のために藩兵をひきいて東上したとき、その部隊の調役になり、はじめて西郷とおなじ場で仕事をする経験をもった。

そのあと、ロンドンにわたり駐英日本公使館の書記官などをつとめ、西南戦争がおこる前年の明治九年三月に帰国した。中井は乱世むきの奇才をもっていたが、一面、この時代の薩摩人としてはめずらしいといえるほどに和漢洋の学問があり、詩文をよくし、ヨーロッパ事情についての観察力も、その著『漫遊記程』などを見ると、存外なものといっていい。

その桜洲中井弘が語った西郷評が残っているが、やや痛烈といえそうである。

「西郷の資性は軍人には不適《ふむ》きで、戦《いくさ》なども知らなかった。そのことは十年の役でもわかる」

といい、

「西郷はどちらかといえば、まず政治家のほうであった。しかし廟堂に立って大政を処理する手腕に至っては、とうてい大久保に及ばぬ。征韓論をひっさげて時局の転換を強いたのは、畢竟、はじめから出来ない相談を持ちかけて、これを機会に挂冠《かいかん》して去ったので、実はおのれを知るの明ありというべきである」ともいっている。この評は、西郷の気分をまったく別な次元から視たもので、西郷には酷にすぎるであろう。しかし征韓論をもって「出来ない相談をもちかけて」と中井がいっているのは、あるいはあたっているかもしれない。西郷を太政大臣にするのが私の望みだといっていた村田新八でさえ、しかし西郷が内閣を組織しても、外交のことばかりはむずかしいから単純にはゆくまい、といっているのである。

また中井弘は桐野についても、以下のようにいっている。

「丁丑《ていちゅう》の乱（西南戦争）を起した人は、西郷ではなく、桐野である。世人はややもすれば桐野を目して篠原と一対に西郷の股肱《ここう》のように思うのは大間違いで、桐野は西郷の子分でもなければ、西郷は桐野の親分でもない。桐野は只《ただ》一個の棟梁《とうりょう》株なのだ。身は鹿児島城下の士族ではなく、吉野唐芋《からいも》（註・吉野郷の郷士）にすぎない。薩の桐野といえば、軍人仲間は勿論、どんな剣客でも三舎を避ける（筆者注・恐れはばかって相手を避ける）」

西郷は、桐野の「只一個の棟梁株」である点を買ったのであろうが、桐野の本質は存外、剣客としてのおそろしさであったかもしれない。

ここに書かれた中井の略歴と西郷・桐野評はまさしく『櫻洲』からの引用である。

さて、既述のとおり、横山詠太郎が残したこの『櫻洲』は、不明瞭な部分や誇張したエピソードを残しながらも、一応現存する唯一の中井桜洲伝とみなされてきたのであるが、昭和五十四（一九七九）年になって、中井の研究者にとってはちょっと意外な文書が、盛岡にある原 敬の別荘跡から見つかった。

今までその存在すらわからなかった、原 敬に関する新たな史料である。原敬研究の第一人者であり、当時京都女子大学教授であった山本四郎氏を中心に進められた整理解読作業の結果、発見から五年後の昭和五十九年に第一巻が、さらに五年後に別巻を含め全十一巻が『原敬関係文書』として、日本放送出版協会から刊行された（この発見に関する経緯は昭和五十九年七月二十五日付朝日新聞文化欄に掲載）。その別巻のなかに「中井家・横山家関係書類」としてまとめられたものがあり、最初の頁が、実父の新居完成を祝って中井が親しい漢詩人や書家に出した「横山詠介居宅竣工に唫詠《ぎんえい》を求む」（以後「唫詠」とする）と題する案内状であった。冒頭「半紙六枚に墨書、仮綴じ」という原の注釈がついているので、中井の手によるのは間違いない。

他の資料より間違いが少なく一時は全文を引用するつもりになったが、これから述べる一通の書翰が現れたために色あせてしまう結果となった。

その書翰とは、薩摩藩を代表する碩学《せきがく》といわれた重野《しげの》安繹《やすつぐ》にあてたもので、内容は普通の手紙とやや異なって、自らの経歴を書き連ねている。ここに中井の半生がかなり詳しく書かれており、これが最も信頼できる史料と思われるので、この先はこの「重野あて書翰」に照らして隠された事実を解明してゆくことにしたい。

これは東京龍馬会の皆川真理子氏が、埼玉県在住の古写真研究家である茂呂司氏からこの書翰の存在を聞き、私に複写を送ってくれたのである。

皆川氏には本書の執筆中にたくさんの史資料を提供していただいたが、なかでもこれは特筆すべき文書であることに間違いない。

重野は、幕末から明治にかけて世に知られた漢学者兼歴史家である。日本最初の文学博士といわれている。

現代表記と併記する。

爾後年ヲ經テ、猿渡實智（伯母）家ニ養ワレ、親詠介ハ家産ヲ失ヒ、市街ニ流寓シ、伯母ノ扶助ヲ受、予ヲ養フノ力ナシ、依而、順聖公死去一ケ月ヲ經テ脱走シ、日本ノ高山大川ヲ涉リ、名所古跡ヲ訪フノ志ヲ起セリ、是レ全ク、蘇轍子由ノ韓魏公ニ上ルノ文ヨリ發起セシ志ナリ。曾テ藩邸ニテ、重野其外ノ教育ヲ受タルコトアリシ

（私は）何年かのちに、猿渡實智［伯母の子］の家に養われた。父親詠介は家産を失い流浪したために（私は）伯母の扶助を受けたが、（伯母も）私を養い続けることはできなかったので、斉彬公の薨去《こうきょ》からひと月ほどあとに脱走し、日本各地を巡る旅に出ることを計画した。これは、蘇轍《そてつ》が韓魏《かんぎ》公のもとへ行くという文に触発され志したのだ。この文はかつて藩邸で重野先生その他から学んだことなのである。

この書き出しを読むと、今まで中井の経歴のなかで最も不可解な事跡であった十六歳脱藩説はやはり誤りだったことがわかる。島津斉彬が亡くなったのは安政五（一八五八）年、中井二十一歳（満二十歳）のときである。したがって十六歳で薩摩を脱藩したというのは決定的な間違いであるにもかかわらず、今まで見てきたように、ほとんどの事典や書物の

なかにそう書かれている。また、ここで中井は脱藩の文字は使わず脱走と記している。それはなぜか。これこそ中井の生涯に大きく影響した出来事であると言ってよいが、詳しくは本章の後半で述べることにする。

脱走してからは東京（江戸）へ行き、上州武州を放浪し、大橋訥庵、藤森大雅（弘庵）、中村敬介たちと交際した。大橋が幕府の嫌疑を受けたとき、薩摩藩邸より捕吏が訪れ、私は芝田町の牢に拘留され、品川海岸より、帆船の牢に入れられて四十日余りの危険な航海のあと、薩摩の谷山の牢獄につながれ士族籍を剝され、終身禁固を命ぜられた。大橋訥庵たちと反乱の計画をしたという嫌疑をかけられたのである。

しばらくして斉彬公の照國神の勅令があり、大赦があり放免された。

私は当初、「唫詠」にも書かれていた大赦によって獄を出たというのは真実でなく、薩英戦争に駆り出されたか、どさくさに紛れて藩を出たかのいずれではないかと思っていたが、ここにはかなり具体的な理由も記されているので、大赦が正しいとするべきであろう。

私の入牢中に薩英戦争が起こった。出獄したものの衣食住すべてに困窮し、（またも）猿渡家の居候となった。（その後）加藤、迫田、柳田、橋口らと交際し、脱走を計画し、一緒に大口より紫尾山を越え肥後に入った。

追手数十人を数えたが、逃げおおせた。途中横井平四郎（小楠）を訪れた。天下の形勢について聞き、鶴崎より海に出て備後に着いた。（当時）幕府が長州を討とうとしており、浪士取り締まりも厳しくなった。

『櫻洲』に書かれている、脱藩して薩摩から肥後へ入り横井平四郎を訪れた、というのは十六歳のときではなく、文久三（一八六三）年桜洲二十六歳のときのことである。横山詠太郎はここを詳しく調べていなかった。

それで進退窮まり大阪（坂）に至り、（略）京都に行き武田街道の地蔵寺にしばらくいて、高崎正風《まさかぜ》や高崎五六《ごろく》（猪太郎）もしくは三島通庸《みちつね》らに脱出の手助けを依頼した。

このころ、中井はすでに精忠組の面々と顔なじみになっている。江戸で捕らえられ国元へ送られ、三年間牢につながれていた男がいつどこで両高崎や三島と知り合ったのか。不思議であるが、やはり、若いころから付き合いがあったとするのが自然であろう。

（略）その後長崎に至り五代才助や野村宗七《のむらそうしち》の世話で宇和島に身を寄せ幕吏から逃れることができた。当時、世の中は沸騰し、幕政は内外に問題を抱えており、宇和島公は家老の松根図書に命じて、私を京坂へ遣わし事情を探らせた。京都では薩摩の永山《ながやま》弥一郎《やいちろう》や中村半次郎らと交際した。以後、藩邸は私が京坂にいても問題にすることはなかった。

中井はイギリスへ密航する以前にすでに宇和島藩周旋方になっていたのであり、イギリスから帰朝後ではないことがここで裏づけられた。

私は慶応二年（寅年）に再度長崎を訪れたが、そこで後藤象二郎や坂本龍馬たちと出会い、五代の勧めもあって欧州へ渡ることとなった。当時は田中幸介と名乗っていた。欧州では、鮫島尚信《さめしまなおのぶ》、町田民部《まちだみんぶ》、森有礼《もりありのり》、松村淳蔵《まつむらじゆんぞう》、吉田清成《よしだきよなり》たちと付き合った。中村敬宇《けいう》先生とも巡り合った。(このときの見聞録として)『西洋紀行　航海新説』を著した。帰国して、後藤や坂本らと同じ船で兵庫より京都に向かった。(このとき)名を土佐藩後藤久二郎と改めた。

ここには見落とせない重要なことが書かれている。つまり、この時期、このルートでこれらの人物を乗せた船となると、「船中八策《せんちゆうはつさく》」が語られた「夕顔」しかないであろうから、中井がこの構想に関わったことは間違いない。今まで「夕顔」に乗っていた人物が完全には特定できなかった龍馬の事跡であるが、ここで中井が加わっていたことがはっきりしたのである。

平尾道雄著『新版　龍馬のすべて』によると、

六月九日長崎を出航した夕顔船には龍馬、後藤象二郎のほかに海援隊文官長岡謙吉、後藤の属官松井周助、高橋勝右衛門が便乗し、由比畦三郎を船長として航海を続けた。

十日下ノ関を過ぎ、（略）十一日兵庫に入港した。上陸した一行は大阪まで陸行、ここで数日滞在した。十四日後藤は松井と入京して河原町三条下ル東入の醤油商壷屋に投宿、龍馬と長岡もこれに続いて入京し河原町三条下ル車道の材木商酢屋に下宿した。

これが従来から言われていた「夕顔」の寄港地と乗組員の名前である。実はもうひとり、薩摩人の中井が乗っていたのである。

次に名を土佐藩後藤休二郎と改めたとあるのは、後述するが、当時中井はあることが原因で薩摩藩士と名乗ることができなかったために一時的に用いたものだが、後藤象二郎の独断でなされたことに違いない。これから数カ月後に正式名称として中井弘蔵と名乗るのである。

二條所司代屋敷において幕吏永井《ながい》玄蕃《げんば》、近藤勇《こんどういさみ》と会見し、王政復古の策を述べた。後藤、福岡ら上書して慶喜をして大政を返上させることになった。土佐の国論定まらず兵を出し京都を護衛するのを躊躇《ちゅうちょ》していたが、薩長の兵は一月三日戦争状態に入った。私は当日伏見御幸宮にいてこれを観戦し、政府に報告した。その月大阪（坂）に入った。名を中井弘蔵と改め、大阪（坂）府外国事務御用掛となった。土佐箕浦の小隊が堺を警備していたが、仏国の測量船を砲撃し、十一人を殺害した。私は直ちに命を受け東久世《ひがしくぜ》（通禧《みちとみ》）公に従い、五代才助とともに堺に至り、その死骸《しがい》を海底より引き上げた。翌朝仏船に送り、事件はすべて解決した。

また二月には英仏蘭の三公使が京に入り、天皇に謁見《えっけん》することになった。私は直ちに京に入りその旅館智恩院をイギリス、天龍寺をオランダ、相国寺をフランスに割り当て、小松帯刀、後藤象二郎、伊藤俊輔《しゅんすけ》（博文）らとこの件に関わった。晦日《みそか》には後藤とともに英公使を伴って参内する途中、四条縄手まで来ると、浪士林田貞堅と三枝《さい》茂《ぐさ》（蕃《しげる》）が公使を襲撃しようとした。騎馬兵九名を負傷させ、馬四頭を傷つけた。公使および海軍士官、書記官および小隊歩兵には別条なかった。私と後藤は林田と三枝を取り押さえ、林田は絶命した。公使は激怒して大阪（坂）に戻り江戸へ引き返そうとした。私は直ちに公使のもとへ駆けつけ、公使の馬を押さえて宿舎の智恩院へ戻ってもらい、ようやくその危機を回避した。［官軍はまだ三島にも至っていなかった］もし公使が傷ついたり、江戸へ帰ったりしたら天下の大事件となったであろう。（略）

私はまた小松帯刀や山口範蔵《やまぐちはんぞう》らと横浜に在勤し、また会津征伐や函館征討のために東京府に兼勤、外務も兼ね金穀の調達なども首尾よく終えた。天皇の江戸行幸があり、この仕事は重要であった。会津が平定されてから大坂藩邸に在勤し、また外国官判事に任ぜられ横浜と東京に勤務したが、また辞職して帰藩した。私はしばしば各地を奔走し、過去に藩を脱走すること三回に及んだため藩の人間はみな私の行動を怪しんだが、私は頓着《とんちゃく》しなかった。私はしばしば顕職にあったが、出身や経歴が不明であると問題視した者も多くいた。そのために政府へ帰藩を願い出て許されたのである。（略）

今まで中井の行動のなかで最も不可解であったのが、このときの挂冠と帰藩である。この「重野あて書翰」を目にするまで私は、その最大の理由は横山家の再興と、たまたま時期が一致した鹿児島における廃藩置県に関する情報収集だと思っていたが、本人がこう述べているのだからこの記述を取り上げるしかない。しかし、廃藩置県が発令され、明治四年に桐野利秋の部下になって平然と上京し、またも政府部内で活躍しはじめるというのがいまだ腑《ふ》に落ちない。各国公使の宿舎はオランダが相国寺、フランスは南禅寺であり、ここは中井の記憶違いである。

「重野あて書翰」は東京龍馬会の皆川真理子氏から提供されたものである。皆川氏には本書の執筆中にたくさんの史資料を提供していただいたが、そのなかでもこの書翰は重要で、今まで疑問視されていた中井の経歴がいくつも新事実として浮かび上がってきた。皆川氏は古写真などの研究家である埼玉県在住の茂呂司氏に接触し、『痴游雑誌』（川村慶吉編）なる書物に掲載されたこの書翰を入手した。

今のところ、この「重野あて書翰」における記述が最も信頼できそうであり、本書における中井の経歴の核となる部分はこれによっている。

ところで、平成二十（二〇〇八）年の末になって、今まで確定していなかった中井の生誕地に関する有力な情報が寄せられた。横山詠太郎は高見馬場と述べ、片岡直温は平の馬場と書いた部分である。先に紹介した「東京龍馬会」の皆川真理子氏が、『薩藩沿革地図』（鹿児島市教育委員会、昭和十〈一九三五〉年）に載っている横山休左衛門邸を探し当てたのである。その場所は現在の大久保利通の銅像の、通りをはさんで反対側にあり、甲突川のほとりに位置している。

横山詠太郎は、前掲『櫻洲』のなかで、中井は明治二（一八六九）年に帰藩したあと、父親のために千石馬場に広壮な邸を建てたと書いているが、皆川氏は、この千石馬場がのちの平の馬場町であるとの調査結果を寄せてくれた。氏は綿密な調査の結果、生まれた場所は高見馬場だが、明治になって住んだところが千石馬場であったために、（片岡を含む）周囲の者がそれらを混同して、生誕地も千石馬場（すなわち、のちの平の馬場）であると書いてしまったのではないかと推測されている。私もこの説に賛成である。

皆川氏によれば、横山邸は安政六（一八五九）年には地図から消えているとのことで、中井が安政五年か六年に鹿児島から外へ出た時期とあまり開きがない。

『櫻洲』において、祖父の休蔵は重豪《しげひで》、斉宣《なりのぶ》、斉興《なりおき》の島津公三代に仕えたと書かれているが、父休左衛門が誰に仕えたかについても、仕事の内容についても記載はない。『櫻洲』によれば父の放蕩《ほうとう》は祖父休蔵の死の直後から始まっていて、親族の猿渡家の請願によって島送りとなったと書かれているし、「唫詠」には、中井は幼いころから親族の家に預けられた、となっているので、休左衛門が横山家の家督を途中から放棄したことも考えられ、また、それに伴って中井も横山家を継ぐことができなかった可能性もある。

しかし、十六歳のときに何かが起こったのは間違いなさそうである。

おそらくそれは中井個人の「脱藩」でも「鹿児島脱出」でもなく、「横山家全体の一大事」

だったのではないか。中井の祖父は、中井が生まれる三年前に他界し、父は徳之島に流されて明治二（一八六九）年になるまで不在のままである。残る男子は中井ひとりである。男子どころか、兄弟姉妹はすべて早世したのだから、横山家にはいまや女子も含めて誰も存在しないのである。こうなれば、この家がたどり着くところはひとつしかない。

一家離散である。もし、当主がいない家となってしまったなら、もはや、中井は、京へ出ようが江戸へ行こうが勝手である。

そして、『櫻洲』に書かれているとおり、このときに、中井は後日の横山家再興を誓った。つまり、横山家は中井が明治二年になって帰郷するまで、実質上存在しないも同然であった。中井にとって、この一家離散は、ふれたくない、いやふれてはならない出来事であったので、お家再興がかなうまで事の成り行きを明らかにせず、単に自分が鹿児島を抜け出たというだけで、横山家の存在については多くを語らなかったに違いない。本来であれば、当時の士族の家で家督を相続する跡取りがいなくなってしまえば、お家取り潰しになってしまうのだろうが、私は藩内において特殊な事情や人間関係がある場合、例外的な措置もあったに違いないと思っていた。しかし、安政四年以降の変名の多さは不自然である。

ここで私がはっと思ったのは、「重野あて書翰」のなかで中井が書いた「士族籍を剝奪され」という箇所である。これは江戸から檻送《かんそう》されて谷山の獄に入ったときに科せられた刑ではなく、実際は十六歳のとき一家離散した際に藩庁から下った沙汰《さた》なのではないか。

蛇足《だそく》ながら記しておきたいのだが、「脱藩」はあくまでも武士が藩から脱して浪人となることであり、藩籍を脱することである。つまり、父詠介が遠島になったと同時に横山家は消滅、中井は士族籍を失い、もはや武士ではなくなっていたのではないか。だとすれば「脱藩」はあてはまらない。やはり自らが「重野あて書翰」のなかで書いているように、脱走とするのが正確である。そしてさらに重要なことは、私が一家離散と称した右記の出来事はお家取り潰しであった可能性が高い。中井が二度と横山姓を名乗れなかった理由もここにある。では、『櫻洲』に書かれていた横山家の再興がなぜ実現したのかといえば、中井は維新における元勲《げんくん》のひとりとなったためではないか。明治二年当時、帰国直前まで外国官判事という要職に就いていて、このときの帰藩願いも伊達宗城を介して岩倉具視《いわくらともみ》にあてて提出されていたほどであるから、明治以前に起こったお家の取り潰しなどはもう意味を失っていただろう。士族籍は復活し、父休左衛門の名前を詠介に変えるだけで難なく横山家再興はできたに違いない。

しかし、自分の名前に関してはそうはいかなかった。過去に何度も変名を用いたことがあり、すでに中井弘でみなに知られている。またも姓名を変えるのは混乱を招く。明治になったのを機会に横山の家名は父親に継いでもらい、自分は中井という姓で別家を創設したに違いない。

『櫻洲』の冒頭に書かれている「明治元年独立して、別家を立て、中井と名乗る」というのはそのとおりで、それまでは田中幸助の名で通したのである。中井の実家である横山家の存在は、祖父休蔵の時代にはそれなりのものであり、彼の死後も、有力な親族の縁で、中井は後年元勲となる薩摩藩士たちとも顔見知りになっている。ここで親族について説明をしておこう。

本田親雄《ほんだちかお》は奥小姓から身を立てて、薩摩藩の正史に残る働きをしており、寺田屋騒動で戦った双方の藩士の介抱をしたことで知られている。精忠組の初期の一員である。明治二十（一八八七）年男爵を授かった。

松方正義《まつかたまさよし》はわが国の第四、六代総理大臣となった人物で、幼少のときに父母を亡くし赤貧のなかで育った。青年期には島津久光の近習《きんじゆう》となり、また大久保の同志となっている。華族令が発布された明治十七（一八八四）年七月に伊藤博文、井上馨、山県有朋、西郷従道《つぐみち》、大山巖《おおやまいわお》らとともに伯爵を授けられた。首相時代の松方についての評価はまちまちで、陸奥宗光や原敬はまったく無視も同然といった感じだが、幕末から明治初（一八六八）年にかけての軍功は赫々《かくかく》たるものがあり、一概に批判ばかりもできない。

松村淳蔵は、明治になって第三代海軍兵学校長になる人物である。彼の育てた海軍の精鋭たちは枚挙にいとまがない。この功績のゆえに明治二十（一八八七）年、男爵を授けられた。

要するに、こういったことを考慮してみれば、中井と薩摩藩の中枢にあった人たち、たとえば精忠組の税所《さいしょ》篤《あつし》や伊地知正治《いじちまさはる》たちとの関係も若いころから築かれていたとしても不思議ではない。税所篤は西郷・大久保と並んで薩摩の三傑《さんけつ》といわれた傑物《けつぶつ》であり、中井の臨終を見届けた人物である。伊地知正治は名だたる軍師で、藩校造士館の教官も務めた維新回天の立役者であった。

明治政府でも左院副議長として、部下の中井と親密な関係を続けた。

これらの事項を総合的に調査した結果（維新後の大久保、木戸、あるいはサトウの日記や書翰などで不明な部分を補ってゆくと）、親族や精忠組の助けもあって、横山家は、取り潰され一家離散にはなったものの、父親はともかく、中井自身がお咎《とが》めを受けることでもないので、親族や先輩たちのつてを頼って、あるいは彼らからなんらかの命を受け、脱藩者を装い、討幕のための情報収集の密命を帯びて京都や江戸を飛び回っていたとするのが真相ではないだろうか。

「重野あて書翰」が書かれたのは工部省の書記官時代らしいが、「唸詠」に比べると具体的で、曖昧さがない。つまり、後者が書かれたのが他界する五年ほど前のことであるから、記憶も鮮明ではない。晩年の語りは正確とは言いきれず、鹿児島脱出の話はもう脱出でも脱藩でもよくなっていて、それを聞いた片岡や横山詠太郎が、いろいろ尾ひれをつけて記録した可能性も否定できない。

そういった情報が、主に片岡の書いたものを土台にして、明治の人名事典などに取り上げられた可能性は高い。

次章ではイギリスへの密航の経緯を見てみたい。

第一章　坂本龍馬と出会う

中井の本格的活動は宇和島からスタートしたと言ってよいが、宇和島には将来を嘱望され夭折《ようせつ》した松根東洋城《とうようじよう》という俳人がいる。現在、市立宇和島病院が建っている広大な敷地が東洋城の生地である。祖父は、宇和島藩主伊達宗城に仕え名家老として世に知られた松根図書である。伊達宗城公から紹介され、中井を応援した黒田長溥公は、もともとは薩摩の島津斉彬の曾《そう》祖父重豪の第九子であったが、同藩の跡継ぎをめぐっての内訌《ないこう》「高崎崩れ」（お由羅騒動）を憂いて筑前藩主黒田斉清《なりきよ》の養子となった。

黒田公は、ほかにも五代才助を匿《かくま》った記録があり、お由羅騒動のとばっちりを受けた者たち以外にも、なんらかの事情があって薩摩《さつま》を抜け出た藩士たちの面倒を見たことがわかっている。

その黒田公のもと福岡にしばらく滞在したあと、中井は古巣の長崎に戻ることになるが、慶応二（一八六六）年の十月十五日に急遽《きゅうきょ》イギリスへ密航する。

このころ、つまり慶応二年六月に始まった第二次長州戦争のために、幕府は警戒感を強め、脱藩浪人や各藩から京に上った疑わしい人物を厳しく追及することにした。中井も危うくこの網にかかりそうになったのである。彼はこれで二度目になるが、今回も長崎にいる五代才助を頼った。

そして、この慶応二年の長崎滞在中に、坂本龍馬や後藤象二郎、あるいは渡航先のイギリスから帰国したばかりの五代才助たちの勧めで密航を決めたのである。したがって彼の渡英の目的は、この前年に薩摩藩から選抜されて留学した五代と松木弘安《まつきこうあん》（寺島宗則）率いる十七名の留学生たちとは明らかに異なって、留学でもなんでもなく、単に、幕府の追手から姿をくらますことであった。

かたちの上では、中井は彼らを追って遊学することになっていて、このときの見聞録には、ロンドンで町田民部、杉浦弘蔵《すぎうらこうぞう》（畠山義成《はたけやまよしなり》）あるいは松村淳蔵たちと再会を果たして大喜びする場面が書かれている。また、森 有礼や吉田清成ら、後年政府内部で存分に優れた能力を開花させる年下の俊秀たちとの親密な交際も書かれていて、まったく逃亡者の匂いはないが、実際は、ほとぼりが冷めるまでイギリスへ逃げていたわけである。

亀山社中跡の碑

中井渡英の前年、慶応元（一八六五）年五月、坂本龍馬は五代才助や薩摩藩の家老小松帯刀の援助を受けて長崎に亀山社中を設立する。これは密貿易などを行う非合法結社のようなもので、わが国における商社のはしりみたいなものと言ってよいであろう。薩摩藩が設立したのだが、同藩の人間はひとりもおらず、実質上は、龍馬とその同志たちが運営した。

慶応三（一八六七）年に龍馬が脱藩の罪を許された際に「海援隊」と名を改め、新たな活動を始めるのである。

その半年ほど前から五代を頼って長崎にいた中井は、渡英中の五代の留守居役をしていたようで、龍馬からいろいろな知識を得たと同時に自分の考えも龍馬に披瀝《ひれき》した。

ここで注意が必要なのは、「重野あて書翰《しょかん》」にあるように、中井はイギリスへ渡る前、すでに長崎で龍馬や後藤に会っており、『櫻洲』や「唫詠《ぎんえい》」にあるように、このときの渡英費用を土佐藩あるいは龍馬と後藤が負担したというのは事実かどうかである。

このころ龍馬は金銭的に苦しい状況にいて、薩摩藩から援助を受けているくらいだから、その男が別の薩摩人に資金提供するわけがない。そんなことをしたら、中心となって龍馬を支えた薩摩藩家老の小松帯刀の顔に泥を塗ってしまうことになる。

後藤についていえば、彼が湯水のごとく金を使ったのは知られているが、このときばかりは事情が違い、他藩の者を援助する余裕はなかったはずである。中井が出航する直前の八月には、後藤は長崎で外国人の借金取りに追われて四苦八苦しているのだ。驚いたことに、この苦境から後藤を救ったのは、なんと中井であるとした後藤の伝記（『伯爵後藤象次郎』大町桂月）があるくらいだから、イギリスへの渡航費用と滞在費を負担するのは無理な話である。実際の資金の出どころに関していえば、その大半は、当時商売が軌道に乗り、大いに羽振りの良かったグラバーやオールト（正しい発音はオルト）といった英国商人たちが負担したのではないか。

そして、ここにもうひとり、資金援助に加わった可能性がある謎の女性が登場する。

大浦のお慶である。

司馬遼太郎は『竜馬がゆく』のなかで、この女傑お慶に焦点を絞った。これは大当たりであった。お慶は一気に著名になった。ここに、風呂場でお慶の背中を流す三助として大隈重信が登場する。もうひとり、薩摩の松方正義も三助にされてしまっているが、このエピソードの真偽は定かではない。

たしかに大隈は明治初（一八六八）年には長崎で外国官判事を務めているし、文久年間（一八六一～六四年）に長崎でフルベッキについて英語を学んだ経歴をもつ。肥前出身だから慶応二、三年に茶の輸出で財を成したお慶と知り合った可能性はある。なんといっても茶といえば嬉野《うれしの》だし、嬉野は肥前である。しかし、それが即、お慶の背中を流すことになるかどうか、ちょっと疑わしい話である。

そして、のちに総理大臣となる松方についてはどうだろう。後年の風貌《ふうぼう》を見ると、しかつめらしい顔つきでとてもそんなふうには見えないので、司馬先生はいったいどこからこんな資料を手に入れたのかと思っていたら、長崎時代の松方正義という写真があって（これはこのあと、いろいろなところで目にすることになるが）、なんとこれが一代の伊達《だて》男といったいでたちである。それに、写した年が慶応三（一八六七）年となっている。中井がイギリスから帰った年である。もっとも、松方は翌四年に豊後日田《ぶんごひた》県知事となっているから、このあたりで活躍していたのは確かである。

現在も長崎のグラバー園内にあるオルト邸には、お慶の写真と説明が掛かっている。そこには、彼女が「築いた資産は莫大で、それをもって坂本龍馬を援助した女傑」と書かれている。それなら話は簡単である。龍馬の後ろには有り余る資金を持つお慶がついていたのだ。

そう思っていたら「東京龍馬会」の皆川真理子氏から、私の説を再検討しなくてはならないような著書が送られてきた。

それは、四国在住の渋谷雅之氏の『近世土佐の群像（一）溝渕廣之丞のことなど』と題する著作である。そのなかに、大庭源次兵衛なる土佐藩士についての一章がある。中井とともにイギリスへ渡ったことがはっきりしている結城幸安が、当初は中井ではなくその大庭とともに渡航することになっており、その費用を計上した人物が後藤象二郎となっているのである。

渋谷氏は、長崎商会の出納記録の存在を突き止めて引用されているのだが、この予算は当時長崎在住の土佐藩吏山崎直之進の手帳に書き残されていたものである。渋谷氏は「実際に大庭が洋行したかどうか確証はない」としており、皆川氏は「予定されていた大庭のイギリス行きは実現せず、どういうわけか途中で中井に代わってしまったのではないか、したがって渡航費用は土佐藩が負担したのでは」という説を立てておられる。

この件に関しては、後日、渋谷氏から直接左記のようなご教示を頂いた。

一、当時の土佐藩の外国商人からの借金は十八万両という巨額のもので、結城・大庭両氏の渡航費用千九百両余りの金は後藤の飲み代にも満たない金額であり、出そうと思えば出せた金であるはず。

二、結城と大庭に取ってあった千九百両は別々に計上されたもので、大庭は渡航しなかったと思われるが、その金を中井に流用されたか否かは不明。

皆川氏も渋谷氏も龍馬の金銭援助については何もコメントしていないが、前章に書いたように、中井は龍馬からなんらかの手助けを受けたというのは確かである。その手助けというのが仮に単なる鼓舞や激励であったとすれば、中井もあちらこちらに龍馬の名を出すとは思えない。やはり資金援助だった可能性は高い。しかし自ら資金を提供する余裕はなかったから、もちろんそこにはオルトやグラバーがからんでいたと思われるが、私はお慶を捨てきれないでいる。

さらには、確証はないが、もうひとり可能性の高い人物がいる。小松帯刀である。五代才助が薩英戦争で捕虜になり、釈放されたものの、薩摩藩からイギリスに藩の機密を漏らした疑いをかけられて、長崎のグラバー邸に身を潜めていたころ、なんと同藩家老の小松帯刀から上海《シャンハイ》へ逃亡するように勧められたという事実がある。このとき資金の提供も示唆したようだが、五代は小松の身の安全を考えて辞退したという。小松といえば、新政府の外国事務局時代に中井と親しく付き合った経緯がある。そこには五代才助も大久保利通もいて、普通では考えられない親密な関係がうかがえる。五代のみならず、この小松も若いころからの知り合いであり、明治になってから突然親交が深まったとは考えにくい。ところどころで中井が顔を出す事件の裏に小松がいたように思えてならない。宇和島の伊達公や、福岡の黒田公との親しい関係や亀山社中の創設時、あるいはこのイギリス行き、それらすべての経歴の背景にちらほら見えるのは小松の顔である。そして、それが決定的と思われる場面が次章で述べられる。

ロンドンにおける中井の滞在はわずか四カ月という短いものであった。中井の本来の目的は留学ではなく逃亡中に見聞を広めることだったから、先発組の町田民部、杉浦弘蔵、吉田清成、鮫島尚信、森 有礼たちと旧交を温め、市内を案内してもらっているうちに帰国の日が来てしまう。しかし、幕末に洋行した人間は多くないから、みやげ話はたくさんできた。龍馬や後藤に語りたいことも山のようにある。この洋行は中井の生涯に計り知れない経験をさせたのである。

ここで、中井が残した見聞録、前掲の『西洋紀行　航海新説』を見てみよう。この見聞録は手書きの和綴《わと》じ本であるが、中井の前半生に光を当てる貴重な記録がいくつか残されている。現代表記と併記する。中井は当初留学生たちの本名を記していたが、あとで注意されたためか、後半に町田民部は上野、森 有礼は澤井というように書き換えている。各自の変名については、このあとの留学生ひとりひとりの紹介欄を参照していただきたい。

〈慶応二〈一八六六〉年十二月〉

十四日

早起きをして食後行李に物を詰め、諸会計を終えて煙筒鉄板の下に座り暖気を取る。

今朝は寒気はなはだしく手足がかじかむ。十二時サウザンプトン河口近くのはるかな岩に燈台を認める。（略）二時、港に入り停泊する。

十五日

朝ガラス窓を開ければ雪が積もっているが、今日は主人の家族が大勢来てわれわれの到着を祝ってくれたのは思いもかけぬ幸せなことであった。町田民部、吉田、森、鮫島の諸友を訪れようと思ったが、長旅で垢《あか》にまみれた衣服を着てゆくわけにもいかず、新調してから行くことにする。

十六日

日曜日なので仕事はせず人々はみな教会へ行く。われわれも近所の英国人たちを訪れ、ともに散歩を楽しむ。

十七日

婦人を伴って汽車でロンドン橋に出て、衣服その他を購入する。

十八日
再びロンドンへ出て、大小の銃製造所を見て小銃四挺を買ってから、薩摩の町田君を訪れるも、彼は今フランスのパリに行っていて留守。そのため、吉田たち四名を訪問し、話をして数時間を過ごした後戻った。

十九日
薩摩の友人たちが約束どおりやってきた。杉浦弘蔵、澤井、松村、長井の諸友である。英国人マートンもやってきて話に加わったが、洋外万里の異国に来て日本の友人たちと巡り合うことができるとはなんという幸せであろうか。（略）

日付不明
今日長井氏が手紙をくれたが、そのなかに野村宗七の名を見つけ欣喜雀躍《きんきじやくやく》する。宗七とは去年京都で初めて出会い再び長崎で会い、今度は近日中に必ずパリからロンドンにやってくるという。まったく奇遇である。

日付不明
上野、野田、澤井、オリファントらと会う。今夕、長井と泊まる。

日付不明
上野氏を訪問する。話が長くなり、（最終の）汽車は出てしまい上野氏の宿舎に泊まる。

中井がロンドンに着いて真っ先に訪問しようとする町田民部は、薩摩藩大目付であり、将来の家老職を保証された門閥出身者である。過去によほど親しい関係がなければ、到底近づけない存在であるが、中井はごく親しげに町田と会い、彼の宿に泊まったりしている。すでに記したとおり、この見聞録から、町田を筆頭に、維新後になっても中井と親密な付き合いを続ける留学生たちとは若いころからの顔なじみであったことがわかる。中井より四歳年下の松村淳蔵も中井の親族であり、付き合いは幼少のころから始まっている。このあたりの回想を読むと、中井の付き合い方は、人名事典に載っているような脱藩者のものではない。

中井と久闊《きゅうかつ》を叙する留学生ひとりひとりの経歴を簡単に見てみよう。幕府の目をくらますための変名を併記したのは、後年、この変名のほうを正式名とした者もいるためである。『薩摩藩英国留学生』(犬塚孝明)ならびに『海を越えた日本人名事典』(富田 仁編)を参考にした。

■町田久成《ひさなり》(民部) 変名:上野良太郎 大目付 開成所掛学頭 二十九歳(慶応二年当時、以下同) 門閥

龍馬や中井と同じ姿勢で慶応年間(一八六五〜六八)を生きた公議政体論者であり、イギリス留学を終えて帰国するとき中井や野村宗七と一緒であった。明治政府で外務大丞《じょう》や文部大丞を歴任し、明治九(一八七六)年には、日本初の博物館(植物園・動物園を併設)の設置を政府に建白し、初代東京帝国博物館長を務めた。その後、明治十八(一八八五)年元老院議官に推されるが、突如剃髪《ていはつ》し、大津の法明院住職に帰依、三井寺光浄院僧正となる。奇《く》しくもこの年、中井とともに親友であった五代友厚《ともあつ》(才助)が世を去っているが、このことと彼の帰依と関係があるかどうかはわからない。

明治二十四(一八九一)年十月七日の『原敬日記』(第一巻)に、「近江婦人慈善會に故中井弘妻竹子(當時會長/筆者注・中井の最後の妻)の爲めに頌徳碑を三井寺に

建てたりとて來る十五日其式に余夫妻招かれたるも用事ありて之を辭し、（略）」と記されている。これから察すると、中井は明治十七年から二十三年まで大津で知事時代を送ったが、二十一年に新庁舎が完成するまで滋賀県庁は三井寺（園城寺《おんじょうじ》）のなかにあったので、この地において、町田と親しく付き合っていたようだ。

中井は、最後となった三度目の欧州旅行の見聞録『漫遊記程』のなかで、エジプトに寄港し、「銅銭四枚ヲ買求メ友人町田久成氏ニ送ラントス」と記している。五代と並んで中井が心から信頼した友であった。

近江婦人慈善会頌徳碑の写真

■

畠山丈之《たけの》助《すけ》（義成）　変名：杉浦弘蔵　当番頭　二十四歳　門閥

この留学をきっかけに英米で通算八年を過ごし、のち東京開成学校の初代校長に就任、

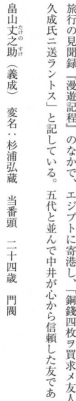

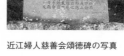

その後東京書籍館と博物館の館長を務める。明治教育界の改革者である。彼も薩摩藩の門閥出身で留学前は急進的攘夷《じょうい》論者であったが、島津久光の説得に応じて参加する。

中井をロンドンで毎日のようにあちこち案内する友人で、『西洋紀行　航海新説』のなかで最も多く名前が出るひとりである。明治元（一八六八）年、アメリカのラトガース・カレッジに入り法律や政治を学び、同四年マスター（修士）の称号を得る。岩倉使節団にアメリカから参加しているが、パリ回りで合流した中井とそのとき再会しているかどうかは不明。明治九（一八七六）年十月、文部大輔（次官）田中不二麿《たなかふじまろ》に随行しアメリカ各地を視察するが、帰国途中の太平洋上で客死する。享年三十四歳という、友人知人の涙を誘う短い生涯であった。

■市来勘十郎《いちきかんじゆうろう》　変名：松村淳蔵　開成所英学者　奥御小姓　二十五歳

既述のとおり、中井の親族である。留学生のなかでたったひとり、最後まで当初の目的を貫き、アナポリス海軍兵学校を卒業して合衆国海軍少尉候補生となり、帰国後第三代海軍兵学校の校長となる。杉浦と同じく藩主からもらった変名を大切にし、生涯こちらを用いる。これも杉浦と同様だが、英米通算八年の海外生活を送る。明治二十四（一八九一）年に海軍中将となる。軍政には参加しなかったが、帝国海軍創設の功労者として二十（一八八七）年男爵を授けられる。その後輩出した優れた将校の数を見れば、彼が日本海軍のために尽くした功績は計り知れないことがわかる。中井とは、留学以前からかなり親しい関係にあった。原敬と貞子の結婚披露宴に参列している。

■森有礼　変名：沢井《さわい》鉄馬《てつま》　造士館句読師助　開成所英学者　二十歳

余計な説明はいらないほど著名な人物だが、この留学をきっかけに英米に通算五年滞在し、外務官僚としての実績を積み、初代の駐米大使を務め、その後外務大輔、駐英公使などを歴任、明治十八（一八八五）年伊藤内閣で初代文部大臣を務めたオールラウンドプレーヤーである。九（一八七六）年四月、中井が三度目の英国滞在を終えて帰国するとき、上海で森に会って深夜まで語った思い出が中井最後の見聞録『漫遊記程』中に記載されている。中井より九歳若いが、やはり旧知の友である。

明治二十二（一八八九）年二月、国粋主義者西野《にしの》文太郎《ぶんたろう》により刺殺された。二十年子爵。

■吉田清成　変名：永井（長井）五百介　開成所句読師　蘭学者　二十二歳

杉浦や松村同様この留学をきっかけに英米に長期間滞在し、外交官、外務大輔を務め、商業経済の専門家として明治政府で活躍する。欧米で学んだ銀行保険関係の知識に優れ、わが国きっての理財家といわれた。吉田もまた原　敬と貞子の結婚式に夫婦で参列している。明治二十年子爵。

■鮫島尚信　変名：野田仲平　開成所訓導師　英学者　二十二歳

イギリスからアメリカへ渡り森　有礼と行動をともにするが、慶応四（一八六八）年に帰国し、中井、五代、寺島らと外国官判事を務める。その後、外務大丞や駐仏特命全権大使を務めるが、激務に勝てず三十六歳の若さで死去。わが国初の外交官である。中井が大久保利通暗殺の現場を検証して、鮫島、松方正義両氏にあてた書翰は現在方々で引用されている。

■中村博愛《はくあい》　変名：吉野清左衛門　長崎遊学生　英学医者　二十四歳

イギリス、フランスで三年を過ごし、英仏蘭の三カ国語を修得する。帰国後、藩の開成所でフランス語を教え、明治二（一八六九）年西郷従道、山県有朋の欧州視察に通訳として同行する。フランス語の達人といわれ、卓越した外交官としてロシア、イタリアに勤務し、オランダ、ポルトガル、デンマークで公使を務める。明治十六（一八八三）年には外務省で会計局大書記官を務めており、御用掛《ごようがかり》だった中井と机を並べた。彼も原と貞子の結婚披露宴に夫婦で参列している。

彼ら以外に、五代とともに引率者であった寺島宗則も中井と親しく付き合った人物である。彼は副島種臣《そえじまたねおみ》のあとを受け、明治七（一八七四）年から五年間連続外務卿《きょう》（大臣）を務めた外務省の立役者である。弘化二（一八四五）年、江戸に出て蘭学を学び蕃書《ばんしょ》調《しらべ》所《しょ》の教授となったあと、文久元（一八六一）年、第一回幕府遣欧使節団に加わり、英仏蘭独露プロシャの六カ国を歴訪する。同三年の薩英戦争で五代とともに捕虜となり、関東に逃げ、のちに長崎で五代と合流する。そして、薩摩藩唯一の渡欧経験者として留学生を引率しイギリスに渡る。ここで、イギリスの協力を取りつけ、さまざまな成果を挙げて慶応二（一八六六）年五月に帰朝、同四年正月、中井を含む五名と外国事務局に勤務する。プロローグで述べたとおり、華族令が発布された明治十七（一八八四）年、伊藤や井上たちとともに伯爵を授けられた。

今挙げた留学生たちの経歴を見ると、共通していることがある。それは、引率した五代も寺島も同じであるが、薩摩藩の精忠組に属した者がひとりもいないということである。明治になって名を成す薩摩藩士のグループは、大きく分ければ、この海外留学組か精忠組か、いずれかに属していると言ってよい。

海外留学組のほうは、町田や杉浦が属した門閥グループか、あるいは開成所で語学や医学の修得に精を出していた学者グループか、そのどちらかであった。

中井は若いころから彼らと親しく付き合っていたが、一方で、中井の親族には、本田親雄や松方正義といった精忠組の元締めのような古武士たちがいて、彼らは西郷や大久保とともに活躍した経歴をもっているので、話は少々ややこしいが、中井はこれら双方のグループと懇意にしていたのである。つまり、彼は、文人派の先輩格のひとりでありながら、精忠組にもかなり親しい友をもっていた。こちらはほとんどが中井より年長の者たちである。そうなれば、なぜ伊達公や黒田公に目をかけられたのかという理由も推測できるし、ロンドンでの再会を喜ぶ留学生たちの姿もよく理解できる。そして、維新

イギリスのサウサンプトンの街

後に薩摩藩を代表するかたちで忽然《こつぜん》と現れた理由もわかってくる。

私は、平成十九（二〇〇七）年の初夏に、中井の足跡をたどってサウサンプトンを訪れた。氷山と激突して北大西洋に沈んだ豪華客船タイタニック号が、その最初で最後の航海に出た港である。当時は殷賑《いんしん》を極めたであろう港町だが、今は訪れる人も少なく、霧雨のなかに静まり返っていた。朽《く》ち果てて水のなかに沈んでしまいそうな苔《こけ》むした木の桟橋が昔を偲《しの》ばせる。ロンドンから列車で往復したのだが、車窓から見る田園風景は、なんとなく寂しさが漂い、留学生たちは、はかりがたい郷愁に襲われたであろうと思った。とくに十三歳の磯永彦輔《いそながひこすけ》や、滞欧一年で早々と帰国した町田民部の弟で開成所学生、十五歳の町田清蔵《せいぞう》などは自分たちの将来をどんなふうに予測したであろうか。

サウサンプトンを訪れた翌日、今度は、スコットランドのアバディーンにあるグラバー邸を訪問した。女性館長の案内で邸内を見せてもらったが、印象的だったのは伊藤博文をはじめとする長州ファイブ（伊藤博文、井上 馨、山尾庸三《やまおようぞう》、遠藤謹助《えんどうきんすけ》、野村弥吉《のむらやきち》）の写真と並んで、数本のワインが展示されていたことである。そのワインは、この地でしばらく暮らしたことがあり、その後、アメリカに渡って、ぶどう園の開拓に成功した磯永のワイナリーで瓶詰めにされたものであった。彼は藩主からもらった変名である長澤《ながさわ》鼎《かなえ》を名乗り、ソノマワインの普及に功績を残し、カリフォルニアのワイン王として名を残した。

ところで、中井の帰朝を慶応三年六月としている資料もあるが、実際六月に鹿児島に帰ったのは町田や野村たち数名であり、中井はひとり、ひと足早く五月に長崎で下船し、龍馬や後藤に会い、友人オルトを訪れている。

そのときの模様を記した岩崎彌太郎《いわさきやたろう》の五月二十二日付の日記（『岩崎彌太郎日記』）は、中井と龍馬の親しい関係を明らかにするうえで極めて重要な文書である。

現代表記に改めてみる。

（略）七時後藤象二郎、由井畦三郎、松井周助、坂本龍馬たちとオールト氏を訪ねる。田中浩助（幸助）も英国より帰国し、同行する。英国のアドミラル（提督）も参加してみなで飲む。夜十時船で帰宅する。

前にも書いたとおり、この田中浩助が中井である。イギリスから帰った直後の消息を伝えている一次史料は、ほかにないようである（渡英前の消息は前掲の『松根図書関係文書』に記載がある）。

重要なのは、彼らがグラバーでなくオルトを訪ねていることである。

なぜか。

私は、オルト邸にはお慶も待っていたのではないかと推測している。オルトはお慶から巨額の緑茶を買いつけてこれをアメリカへ輸出し、莫大な利益を上げた。この資金を使ってお慶は龍馬を援助したと、はっきり旧オルト邸の説明に書かれているからで、もしオルトとお慶が（龍馬を経由して）中井に資金援助をしていたら、真っ先に挨拶《あいさつ》するはずだからである。

またまたお慶の話になるが、少し真面目に彼女のことを調べてみたくなり、研究書を探してみると、インターネット上に『長崎の女たち』（長崎女性史研究会編著、長崎文献社、一九九一）という著作が見つかった。そしてそこからさらに調べを進め、長崎在住の本馬《ほんま》恭子《やすこ》氏の『大浦慶女伝ノート』にたどり着いた。こうなっている。

貿易商としての盛名のみ残って他のことが歴史の闇に沈んだまま、こんどは真偽のほどのわからぬ色々な噂や伝説めいた話が、巷間に伝えられることになった。

例えば、慶は若い頃婿を迎えたが気に入らず追い出したこと、海外の市場調査のため茶箱に隠れて上海とかインドへ密航したこと、幕末に長崎へやってきた大勢の勤王の志士たち、坂本龍馬・大隈重信・松方正義・陸奥宗光らを援助したこと、女傑であると同時にたいへん好色な女性であったことなどがそれで、今や大浦慶のことが語られるときは、必ずといっていいほど話題にのぼっている。

いわゆる〝言い伝え〟がすべて嘘であるとは限らない。何らかの根拠があるか、或いは蓋然性があって〝言い伝え〟が生ずる場合もある。しかし、大浦慶について書くとき、右のような巷間の説に対して慎重にならざるを得ないのは、察するところ、これらが殆んどすべて一つの源に端を発していると思われるからである。

その源とは、伊藤痴遊《ちゆう》の手になる「大浦のお慶」という文章である。

痴遊の本が、司馬遼太郎の『竜馬がゆく』の種本に違いない。このあと、本馬氏は伊藤痴遊がいかに事実を曲げているかについて厳しく糾弾している。私も本馬氏を支持するひとりである。なぜなら、痴遊は中井を直接知る人物でありながら、第四章に引用したごとく中井の話を面白おかしく書いたおかげで、中井についてのさまざまなエピソードが世に出回ってしまい、いったい何が真実なのかわからなくなってしまったことが多々あるからだ。とはいうものの、痴遊の存在はあなどれない。さまざまなところに顔を出す。前掲『伊藤痴遊全集』は、講談を集めたにすぎないような著作とはいえ、大全集である。彼が後世に与えた影響は小さくなく、いまだにこの辺の話を土台にして小説を書いている作家も存在する。

中井が龍馬たちとオルト邸を訪ねた本当の理由は、お慶への挨拶以上に重要な役目があった。実は、龍馬と、彼自身が創設したばかりの海援隊士たちが乗った大洲《おおす》藩の持ち船「いろは丸」が、四月二十三日に瀬戸内海で紀州藩船「明光丸」と衝突し、どちらに責任があるかで協議しなければならなくなったからである。岩崎彌太郎の日記にあるとおり、龍馬や後藤ほか数名がオルト邸で対策を練ったのだが、このときの主役はイギリス海軍の提督であり、参考意見を聞くためか、帰朝したばかりの中井も特別に呼ばれた。結論をいうと、五月二十九日、この賠償に関する談判は龍馬たちの要求が通り落着したが、あまり後味の良いものでなかったというのが真相らしい。

この章において明らかになったことは、中井は旧友五代才助の紹介で龍馬を知ったこと、そして、幕府の追手から身を隠すためにイギリス密航を決行したこと、さらには、数人の門閥出身者および開成所に学んだ学者たちと若いころから親交があったことなどである。

中井が薩摩の留学組と精忠組のどちらとも良好な関係を結べたのは、祖父休蔵が藩内で人望厚き人物であったことから、門閥や上層部を含め幅広い人間関係を構築していたこと、そして中井本人が先天的にもっていた、人から愛される特殊なパーソナリティーと、素人離れした漢籍の知識などを、周囲の者が評価していたからではないだろうか。中井はアーネスト・サトウも日記に書いているとおり、小男であったし、見た限りではそれほど腕の立ちそうな侍には見えないから、精忠組に名を連ねる示現流の達人たちの仲間に入り込むのは容易ではないと思うが、祖父の力量のせいもあって、幼いころからみなに可愛がられていたような気がする。かたや、漢詩漢籍の知識がものを言い、秀才を集めた開成所の学者や生徒と付き合うのは、わけもないことだったであろう。

第二章　船中八策と大政奉還建白書作成――龍馬と後藤象二郎に協力

幕末維新史は嘉永六（一八五三）年六月ペリーの東インド艦隊来航に始まり、ちょうど真ん中に桜田門外の変をはさんで、慶応三（一八六七）年十月の大政奉還で幕を閉じる、たかだか十五年間の歴史である。しかしこれほど密度の濃い、しかも血湧《わ》き肉躍るような十五年も珍しい（戊辰《ぼしん》戦争まで含めても十六年である）。

イギリスから帰国した中井は大政奉還建白書の作成に尽力することになる。大政奉還という一見実現不可能に思える構想は、もともと勝海舟や大久保一翁《いちおう》たちが興味を抱いていたことのようであるが、なんといってもその実現を信じて、誰よりも精力的に行動した坂本龍馬とそれに協力した土佐藩が起こしたひとつの奇跡である。

この武力によらない革命は世界的にも珍しく、立役者の坂本龍馬に対する史家の評価は抜群である。さらには、最後の最後になっても武力行使をあきらめない西郷隆盛と大久保利通を相手に必死の説得を試みた土佐藩の参政後藤象二郎も、このドラマの主役のひとりである。

中井は、この後藤に影のごとく付き従って、大政奉還の建白書作成に加わり、八面六臂《はちめんろっぴ》の働きをしたのである。これは、土佐藩士でないにもかかわらず、後藤やその他の土佐藩重役の命を受け江戸にいるアーネスト・サトウに会いに行き、建白書の草稿を見せ、イギリス議会の慣行や条約締結について質問をしたことや、後述するように、暗礁に乗り上げそうになっていた大政奉還を実現させるために、小松をうまく口説き落とし、彼を通じて西郷や大久保の武力による討幕を思いとどまらせたりしたことを意味している。

ところで、中井はなぜこの建白書の草稿作成のメンバーに加わることになったのだろうか。

結論から言ってしまうと、実際にイギリスの政党政治についてさまざまな知識を得た中井は、このころすでに公議政体論者として知られていて、一連の大政奉還運動に関するエキスパートのひとりとなっていたのである。しかも元来漢籍の専門家で文人肌の人間であったので、草稿作成のためには最適任であった。もちろん場所は長崎で、そこには五代や陸奥、そして長岡謙吉《ながおかけんきち》たちも顔をそろえて、ともに構想を練っていた。勝海舟が龍馬や五代にこのアイデアを吹き込んだとすれば、五代から情報を得た中井と龍馬は早い段階から意気投合したであろう。

ここにつながる前段階の仕事として、龍馬の画期的な構想「船中八策《せんちゅうはっさく》」がある。これは龍馬の功績のなかでも特筆されるべきもので、明治新政府に多大な影響を与えたと言ってよい。長崎に滞在していた後藤象二郎は、土佐藩の前藩主である山内容堂《やまのうちようどう》に上京を命ぜられ、龍馬とともに土佐藩船「夕顔」に乗り込む。船中、龍馬は自分が抱く構想を後藤に語る。

それは次の八項目から成り立っている。後述する霊山顕彰会刊『藩論』より引用すると、

一、天下ノ政権ヲ朝廷ニ奉還セシメ、政令宜シク朝廷ヨリ出ツヘキ事、
一、上下議政局ヲ設ケ、議員ヲ置キテ万機ヲ参賛セシメ、万機宜シク公議ニ決スヘキ事、
一、有材ノ公卿・諸侯及天下ノ人材ヲ顧問ニ備ヘ、官爵ヲ賜ヒ、宜シク従来有名無実ノ官ヲ除クヘキ事、
一、外国ノ交際、広ク公議ヲ採リ、新ニ至当ノ規約ヲ立ツヘキ事、
一、古来ノ律令ヲ折衷シ、新ニ無窮ノ大典ヲ撰定スヘキ事、
一、海軍宜ク拡張スヘキ事、

一、御親兵ヲ置キ、帝都ヲ守衛セシムヘキ事、
一、金銀物貨《(価)》宜シク外国ト平均ノ法ヲ設クヘキ事、

というもので、末尾に「海援隊文書、坂本龍馬関係文書第一所収」とある。龍馬が語るこの構想を、海援隊の長岡謙吉が書記役として書き留めたと『天皇の世紀』〈七〉（大佛次《おさらぎじ》郎《ろう》）を筆頭に多くの書物に書かれているので、長岡ひとりが目立つが、陸奥をはじめ他の海援隊士や中井たちも、龍馬と後藤が「夕顔」に乗り込む前に談論風発大いに語り合い、最終的に八項目に絞ったことも考えられる。

また、龍馬の著作ということになっているが、彼の死後に書かれたことがはっきりしている『藩論』は、明らかに「船中八策」の延長線上にある著作である。その『藩論』を引用して霊山顕彰会から同名の解説書を出版した時野谷勝《ときのやまさる》は脚注と解説の中で、佐佐木高行が「船中八策や大政奉還の建白書の草案も、坂本龍馬が後藤象二郎と同船して上洛の途中、龍馬の発案により長岡謙吉が執筆し、入洛ののち土佐藩有志を交えて協議決定したものである」と、確信をもって記したとしており、現在のところ長岡説が有力だが、それでも時野谷は脚注において、「海援隊の書記であった長岡謙吉ではないかとの推論もできるが、

確証はまったくない」とも述べている。イギリスから帰った中井が、龍馬や長岡とこのことを話し合ったことも考えられるのである。

とくに、解説の前段にある「相当高度な漢学の素養がなくては書き得ないような、中国の故事の引用などが数多く含まれている」となると、中井や陸奥も加わっていたのではないかと思いたくなる。この解説書には先に載せた「船中八策」の原文も引用されている。『藩論』については、大佛次郎が『天皇の世紀』〈七〉のなかで次のようなコメントを残している。少し長くなるが、中井の研究にとってかなり重要なことなので、主要な部分を引用しておこう。

坂本龍馬には、「船中八策」の外に彼が同志の者に書かせたと信じられる「藩論」というのが形を残している。原文は極めて制限された部数で刊本と成ったらしいが、出版されたのは龍馬が死んでから一年後で、龍馬のものと確認はまだ困難である。日本で珍しい政治パンフレットで内容も当時としては卓抜したものなのにイギリス通訳官で長崎に居たケリー・ホールが目をつけて、英文に翻訳し公使パークスに示した。そのまま一八七〇年一月本国外務省に送られて、国立文書館に残された。これはその前年十二月三十日にジャパン・タイムズ・オーバランド・メイルに掲載され、次いで千頭清臣氏が明治四十四年七月（？）に、ジャパン・クォータリー誌上に紹介して人の注意を惹くに到った。日本文の刊本はまだ発見されなかったのを、尾佐竹猛氏の蔵書の中にそれらしい半紙判十六枚綴り、木版刷りで表紙に「二百部限滅版」とあるのが後に紹介された。

坂本龍馬が長崎時代にヨーロッパ諸国の憲法についての本を隊士に読ませて聞き、「熟考翫味、その暗示によって、自ら一説を作り、秘書長岡謙吉をしてこれを書せしむと。是れ即ち藩論なり。」（千頭清臣「坂本龍馬」）龍馬の説を、書記役だった長岡謙吉が著述したものと言われているが、長岡は龍馬に上下両院論を外国書から伝えた男で、どこまでが龍馬の所論で、どこまでが長岡の意見か不明だが、当時、日本の藩制に対して、この「藩論」に示されたほど、自由な批評を下して論じたものは見られず、英訳しか世間で知らなかった時代には、封建の規律が束縛する中で、これだけ論じ得る者は日本人の中に居なかった筈で、外国人の偽作だろうとまで言われた。

しかし、半紙判木版刷りの日本語の原文が出たことで、日本人の中にこれだけ開明的な政治論が出ていたことが証明された。坂本龍馬が書かなかったものとしても、彼の外に、これだけ自由奔放な政治論を吐く者はなかったろうし、「藩論」が龍馬の周辺から著わされたものには違いない。封建制度の欠陥をえぐり、立憲の精神を説いた不羈の気魄は、龍馬を除いて同時代の他の人間には考えられぬことであった。「藩論」は彼が書いたものでなくても、彼が首肯し、やがて彼が公然と主張するものだったろう。思想がどこまで先へ進むか、察知し難い男である。

◇

同時代の人は、殆ど全部が藩政について空気や水のように当然に在るものとして疑いなど差挟む筈がなかった。その時に当って「藩論」は藩の在ることを問題とし、藩の内容をどう改めるべきかを尋ねた。更に藩主の多くが庸愚なのを憚りなく論じ、日本の国の独立を計り開進主義を全うするには、各藩が集合して協議せねばならぬと主張している。日本人の中から出た政治パンフレットとしてイギリス人ホールが注目し、翻訳までしたのに理由なくもない。原文は文体が詰屈難解で、英訳文を読む方が反って平易で趣旨が明瞭である。

「藩論小引」とした序文に、これは自分の友人の説で「社友子弟の徒へ、当世時論の一歩を告諭しひそかに藩議を右《たす》けんが為」筆写の労に代える為のものだと、刊行の趣旨を漢文調の装飾過多の言廻しで述べてある。刊行は、明治紀元戊辰十二月と成っている。龍馬が横死して一年後に当るのが、出版に時日を要したとしても、龍馬の著述かどうか、この限りでは確証を得難い。筆者の名は春雄堂主人と成っている。

「一新の総論」と題した本文の一部を見よう。

「頃日《このごろ》、朝政の統れを汲んで、東家西藩争いて政治の体裁を変革すと雖も、百事の総裁、或は新規を取ること、その度に過ぎ、志なきものは為に不逞を生じ、或はまた旧矩を去ることその度に足らず、志あるものは為に望を喪い、上は皇政の本旨に適することあたわず、下は士民の歓心を攬《と》ることを得ず。故に当途の士、用事の臣ひそかに心をこれに苦しめ、或は一新の深味を弁ぜず。」

御一新、改革を正しく理解出来てない。こう記したところを見ると、龍馬の死後の、御一新以後を問題にしている。龍馬のみの所論ではないわけである。

大佛は、「折角、維新の回天が実現したというのに、天皇の政治を理解しない指導者や人民からそっぽを向かれる管理者ばかりが現れて、全然維新の意味がわかっていない」と書かれているのは、維新よりあとに起きていることを嘆いているわけであるから、それ以前に世を去った龍馬が書いたものではないと主張しているのである。第一章で述べたとおり、中井が「船中八策」の構想を練ったメンバーのひとりであることがわかった以上、彼が『藩論』を書いた可能性は高い。

このあと、大佛はこれに続く箇所を、その難解な原文と現代文を併記しているので、ここでは後者を引用することにしたい。

新政を迎えて翻訳書を読み、外国帰りに西洋の事を尋ねて、この国に西洋の流儀を移して万事を解決しようとする者があるかと思うと、復古の深義を理解せず、大昔どおりにして衆庶を治めようとしている。その間に立って藩主の馬鹿が、何に頼ってよいのかわけもわからず、付いている家来共は盛衰興廃に理あるを知らず、今のままでは、どう治まるものか、まったくお先真暗だと説く。

ここまで読んで気がついたことは、『藩論』のこの部分が『櫻洲山人席上演說』という中井の主張をまとめた綴《と》じ本の内容と酷似していることである。中井が他界した明治二十七（一八九四）年とその前の年に、「平民宰相《さいしょう》」として後年この国の頂点に立つことになる娘婿の原 敬を前にして口述したものである。一部を引用し大意を現代文に改めて併記する。

（略）国家は上下官民一体となって、日本が危険な状態に陥らぬように努力しなくてはならない。内閣大臣はもちろん地方の長官に至るまで、今は大革新大変化の時代であることをよくわきまえ、現在と将来における根本的改革はいかにしてなされるか、外交政策はいかにすべきか、政府の経費節減はいかにして完全なものにするか、どうすれば役に立たない官吏や官職をなくすことができるか、適切な人材登用の方法はあるのか、後進子弟の奨励はどうするべきか、その他教育、殖産興業はどういった方法ですべきかに至るまで、ありとあらゆる事柄を充分に精密に研究するのが今日の急務であると確信する。こういったことに携わる者は、官はもちろん民であろうと、国の将来の弊害を正す志なく、国家のために万全の策を講ずることなく、だらだらと無為に年を重ねることになれば、官民互いに争いをはじめ、ついに国家は不測の事態に陥らざるを得ない。（略）

晩年を悠々と過ごした中井にしては珍しく、かなり真剣で厳しい見方であるが、ここにあるのが本来の中井の姿である。日々閑暇《かんか》のなかに自己の充実を求めて沈思黙考を忘れずに生きることは、自堕落にあるいは無為に時間を過ごすことではない。国家の仕事から一官吏の身の処し方までを注意深く見守る中井は、もはや奇行に富んだ男でもなければ、奇人変人の代表でもない。京都という日本で最も優雅な土地で、知事という大役を務める地方行政の長である。彼がその言のなかに、人材の問題と後進子弟、あるいは教育を取り上げているのは、世の中の大切なものを知っているからである。地位でもない、名誉でもない、栄達でも功名でもない。世の中、社会のためにひたすら働くことが何より大切なのだ、人はそれにより自己を実現し、新たなる価値を創造しなければ国家の繁栄などはないと、目の前に座る娘婿の原 敬に語っている姿が浮かび上がってくる。

新しいものに心を奪われやすいわが国民は、歴史上未曾有《みぞう》の立憲政体を建設するにあたって、恥も外聞もなくわれらが立脚する根本を忘れようとしているのは慨嘆せざるを得ないことである。わが国にはわが国特有の歴史があり、わが国特有の気風があり、文物制度その他万般の事物一種の特色を有することを忘れてはならない。なのに、なぜイギリス風に染まろうとするのか。なぜドイツの真似をしようとするのか。

建国の基礎にさかのぼり、考察し、現在の国民の思想をよく知って、世界の模範となるような立憲政体を打ち立てるべきである。願わくば、いま少しイギリス、ドイツの立憲政体を観察し、わが国建国の基礎は堅牢《けんろう》強固にして両国よりも優れていることを明らかにしたいものだ。


慶応二（一八六六）年を皮切りに、明治になっても都合三年半も欧米を旅した中井であるが、西欧かぶれを徹底して嫌っている。とくに、明治も半ばを過ぎるちょうどこのころは洋行帰りがあふれて、なんでもかんでも欧風というきらいがあったことは否めない。中井は政府部内で高官となった本物の教養人をたくさん知っているので、ちょっとばかり洋行したといってかぶれている似非《えせ》文化人を許せなかったのだろう。

まず、日本の美意識を忘れるな。自然の美しさやわが国独特の風物を忘れるな、と言いたかったのだ。そして、建国の歴史とは言うまでもない、日本のそれはヨーロッパのような血塗られた政権奪取の繰り返しではなかったのだということを述べている。

このあと、中井はイギリスとドイツの建国の歴史と立憲政体の特徴を比較しているが、これは現代人が論じる必要もなさそうなので省略するが、途中で次の一文に突き当たる。

どんな国であっても、一時期盛大を極めたからといって、それだけで直ちにその国を慕うなり敬う必要はない。国家というものは永久に盛大であり続けることはできないのだから。（略）

まさに卓見であり、確かな国家観に基づいた意見である。日本の政体のみならず軍隊、医療などの歴史を見れば歴然としているが、今日はイギリス、明日はドイツといった風潮があったのは事実である。

日本人が、とかく他国が盛大であるかどうかを気にして右往左往するのは困ったものである。

次は西洋から見た東洋の国々に関する意見や感想であるが、中井はここでも痛烈な一矢《いっし》を放つ。

東洋問題又ハ歐洲ノ形勢ヲ談シタル書冊頗ル多シ然レトモ是皆歐洲人ノ眼ヲ以テ大体ヨリ觀察シタルニ過ギズ、之ヲ東洋人ノ眼光ヲ開テ東洋ヲ觀察スルニ比スレバ其間大差アルヲ免レザルナリ然ルニ此東洋問題ナルモノガ端ナク我國ニ流行シ言フベク行フベカラザル議論頻ニ現出シ來レリコレ畢竟白面ノ書生ガ歐羅巴ニ留學シ歐羅巴ノ書物ヲ讀ミ或ハ歐羅巴ノ學者ニ就キテ質問シ無謀ニモ歐羅巴ノ思想七分日本ノ思想三分位ノ割合ナル腦髓ヲ以テ觀察シタル議論ナルノミ決シテ我日本ニ適切ナルモノト云フ能ハザルナリ日本今日ノ形勢ナルモノハ歐羅巴ノ眼ヲ以テ之ヲ觀、日本人ト雖モ唯一時皮想ノ觀察ヲ下シタル位ニテハ到底其眞相ヲ看破シ得ルコト能ハサルナリ日本ノ將來ハ果シテ如何シテ維持發達セシムベキヤハ決シテ是等ノ徒ノ臆想スルガ如キモノニアラズ

條約ノ改正、海軍ノ擴張、陸軍ノ改良、地方經濟ノ改革若シクハ教育ノ改革等ノ如キ今日我輩ノ目前に蝟集スル所ノ百般ノ事柄ニ向ツテ身ヲ挺シテ己レ自ラ之ヲ研究シ己レ自ラ其任ニ當リ己レ自ラ其改良ヲ圖リ己レ自ラ其發達ヲ計ルモノ今日果シテ幾人カアル漫リニ議論ト想像トノミヲ以テ他人ニ之ヲ爲サシメント試ミルニ過ギザルベシ

（略）

最近、東洋の問題やヨーロッパの形勢を論じた書物が多く出版されているが、それらはみなヨーロッパ人から見た東洋であるに過ぎない。東洋人の目で見ることに比べれば、そこには大きな差があるとわかるはずだ。ところが、この東洋問題がはからずもわが国に流行し、あれやこれやと議論百出しているが、こういったものは書生に毛の生えたような若者がヨーロッパに留学し、そこの書物を読み、そこの学者に質問し、無謀にもヨーロッパの思想七分、日本の思想三分ほどの頭で観察した議論であり、決してわが日本に適切なるものとは言えないものである。日本の今日の形勢は、ヨーロッパの目で見たものであり、日本人であってもちょっとした観察をしたぐらいでは到底その真相を看破することはできない。日本の将来はどうしたら維持発達させることができるかについては、こういった憶測によってはなされない。

条約の改正、海軍の拡張、陸軍の改良、地方経済の改革もしくは教育の改革等のとき今日われわれの目前に累積する百般の事柄に向かって、身を挺《てい》して自ら研究し、自らその任にあたり改良と発達を図るものはどれだけいることか。みだりに議論と想像だけで他人にこれをなさしめんと試みているに過ぎない。(略)

中井一流の胸のすく論調である。中井は、蒙昧《もうまい》な藩主についての記述は避けているが、趣旨は『藩論』のそれに近いとみてよいであろう。彼が龍馬や長岡、あるいは陸奥たちとともにこういった議論に花を咲かせたであろうことは想像にかたくない。それどころか、中井の見識と、彼が持ち込んだ情報が龍馬の目を大きく開かせたことも考えられる。この時期における一連の龍馬を中心にした行動、つまり「船中八策」の策定などに参加した人物のひとりとして中井の名をほのめかしているのは、山田一郎（『海援隊遺文』新潮社、一九九一）である。また平尾道雄も前掲『新版　龍馬のすべて』において、薩土盟約の約定書をまとめた人物として中井を登場させている。ここから類推しても、「船中八策」や『藩論』の構想や執筆に中井が関係した可能性を否定することはできなくなる。

次に、中井を表舞台に引っ張り出した後藤象二郎との親交について述べてみようと思う。ひとりの随筆家が芥川龍之介の「鴨猟」（岩波全集第十三巻所収　岩波書店、一九九六）という短編に登場する。短編ともいえないほど短い文で二頁にも満たない。それでも独特の風情が漂う佳作である。芥川は冒頭でこの人物を大町先生と呼び、しばらくして桂月先生と呼んでいる。

芥川が先生と呼ぶこの人物が前掲『伯爵後藤象次郎』という大部《たいぶ》な伝記を書いた大町桂《おおまちけい》月《げつ》である。

中井についての記述もあり、興味深い。ただし、中井に関する限り、多少首をかしげざるを得ない部分もあるが、それはそれとして引用してみよう。


伯は坂本と相會する前に、先づ上海に赴けり。（略）上海にて、ガンボート一隻を購ふ豫定なりしも、其市況の盛大なるを見て、大に悟る所あり。專斷にて、ヂャーデン、マデソン會社に談判して、更に數隻を購入するの約定を結べり。長崎に歸り來りて、シユリン艦（後に夕顔と名づく）、幷にアームストロング砲を買ひ入れたり。藩吏之を聞き、『例の大風呂敷が始まれり』とて、大に驚きて容堂に告訴せしに、『よし〳〵、後藤なればこそ、斯く思ひ切つた事をするなれ』とて打笑へり。

伯とても金の調達には苦まざるを得ざりき。彼のキネプル商會は、伯が全權を帶びて出張したりと聞くより、益破約の補償を要求して止まず。伯は其仲裁を薩藩の脱士田中孝輔（中井櫻州）に依賴して、漸く落著せり。されど、その代りに、薩藩の一汽船（後に胡蝶と名づく）を代金未拂のままにて譲り受けざるを得ざるやうになり、益金策に苦めり。（略）轉じて百方苦肉の策を廻らし、英商オールトと新に樟腦抵當の約定を結びて、漸く汽船軍器購入の資に充つるを得たり。藩吏の嫌疑を受くるまでに購入する所多く、盛に活動したりしかば、伯の名聲は忽ち長崎市中に轟き渡りたりき。

これが慶応二（一八六六）年の八月（後藤の上海行き）から九月六日（長崎帰着）にかけて起こったことのようだが、中井は同年十月十五日に渡英するので、それまでの短期間にどれほどのことができたか不明である。この部分の詳細はほかに確かな史料を見つけることができず、未払い代金の船舶のその後のこともはっきりしない。ただし、オルトの蒸気船で長崎を離れたことが前掲『西洋紀行　航海新説』に書かれているので、このころ中井は、龍馬、五代、後藤、オルト、グラバーたちと長崎でさまざまに活動していたことは確かである。また、薩摩《さつま》藩が代金をいまだに払っていない汽船を、土佐藩が譲り受ける橋渡しをしたというのが事実だと仮定すれば、中井の陰には、やはり誰か有力な薩摩藩の庇護者の存在がちらついて見える。

同書は、いよいよ大政奉還建白のくだりにさしかかる。

伯の大政返上案の發意者は、坂本龍馬なりと傳ふ。福岡も助力者也。中井櫻洲も助力者也。伯の上京するや、坂本は同行せり。中井も同行せり。この中井は如何なる人ぞや。薩州の一人材にして、明治前半の名士なりき。而かも仙骨を帯びたる豪傑肌の奇才也。年少時勢に激し、藩を脱して江戸に來りしが、捕へられて國に還り、更に脱して土佐に來り、身を伯に寄す。伯其才を愛し、東洋と圖りて、西洋に留學せしめたりしが、この際は、新知識を齎らして歸朝し居りたり。百聞は一見に如かず。伯も坂本も、新に西洋より歸りたる中井の新知識の感化を受けたりしなるべし。中井が筆を加へたる上に、伯上京して、福岡の修正も加はりて、茲に返上案の初稿となれり。

中井を豪傑あるいは豪傑肌と称した小説類は何冊かあるが、これなどは、その初期のものである。ここに吉田東洋《とうよう》が顔を出すが、彼が暗殺されたのは文久二（一八六二）年であるから中井渡英の四年も前のことであり、中井を支援するのは物理的に不可能である。こ の種本はやはり片岡直温である。また、キネプル商会の件で中井が後藤を助けたというくだりも真偽が不明である。

中井がイギリスから帰ったひと月後の六月二十四日、佐佐木高行の日記（『保古飛呂比佐佐木高行日記』〈二〉）にはこう記されている。

二十四日、祇園中村屋に会した。薩摩を脱した田中幸助（中井弘）が来て、建白書を修正した。田中は後藤と長崎いたころより親しくなり、すこぶる面白き人である。薩摩人には珍しく通人のように見受けられた。（略）

ここで、佐佐木が薩の脱生と書いているのは、文久三（一八六三）年に中井が藩を脱したことを示唆しているが、脱藩者という表現に比べると微妙な違いが感じられる。また、中井自筆の略歴と一致する重要な事実が書かれている。それは、「二度目に薩摩を脱出したすぐあとに土佐藩に渡って後藤と知り合った」とする事（辞）典類と異なって、両者は長崎で意気投合したと記されている点である。

このころ、中井は、龍馬や後藤をはじめ、福岡藤次《ふくおかとうじ》、寺村左膳《てらむらさぜん》、神山左多衛《こうやまさたえ》といった土佐藩の重役たちや、海援隊の諸士と活動し、土佐藩士のような顔をして多忙を極める。しかし、京都において佐佐木高行が会った薩摩藩の人物リストのなかに、小松帯刀、西郷吉之助《きちのすけ》（隆盛）、大久保一蔵《いちぞう》（利通）、吉井幸輔《よしいこうすけ》、町田民部、黒田了介《りようすけ》（清隆《きよたか》）、永山弥一郎らと並んで、田中幸助（中井）の名が記されている。プロローグで述べたように、陸奥宗光が外国事務局御用掛《ごようがかり》を拝命したとき、辞令書に土州と書かれていたのとは大違いである。

大政奉還の実現に関しては、実際、後藤の活躍は目を見張るばかりであるが、この年、慶応三（一八六七）年あたりになると、後藤だけでなく、西郷や大久保も動きを早める。後藤はひとり頭を痛めていた。

理由は簡単である。主君である山内容堂が依然として態度を決めかねていたからである。もし大政奉還が実現しなければ、薩長は討幕の挙に出るのは間違いなく、そうなると土佐の立場はどうなるか。旧弊に支配された土佐藩の重役たちが旧幕府軍を相手に戦うことを認めるわけもなく、確実に討幕軍の指導的地位からは脱落するに違いない。

龍馬の公議政体論に心底賛同していた後藤にとって、今さら武力討伐は考えられないことであった。ここで起死回生の大逆転を考え後藤が打った手は、武力行使に慎重な島津久光、伊達宗城両公に願い出て、容堂公あてに書翰《しよかん》をしたためてもらうことであった。元来、容堂は後藤をもの怖《お》じしない可愛げのある青年とみていたこともあり、大政奉還の建白案は意外にすんなりと認められたが、このとき容堂の決定を早めたのは、そのころ急進派として頭角を現してきた自藩の板垣退助《いたがきたいすけ》の存在であった。

板垣は、すでに薩長に呼応し軍隊を整備しており、ひとたび彼らが起《た》てば、脱藩さえ辞さぬ覚悟であった。後藤の案が藩論として決まることを知った板垣は、主君の容堂へ願い出て、武力討伐の必要性を説いた。しかし、これはかえって容堂を怒らせた。おかげで、後藤の大政奉還建白の案は一気呵成《いっきかせい》に決定されることになったのである。しかし、最後まで大政奉還建白に対し首を縦に振らない薩摩の西郷や大久保に、後藤や福岡たちは執拗《しつよう》に食い下がる。

その切迫した状況は、『維新史』〈第四巻〉（維新史料編纂會編）に詳しく書かれている。

象二郎は九月二十四日を以て建白書を提出せんとしたが、再び薩州藩の了解を得んとし、同月二十三日福岡藤次をして建白書案を吉之助に示し、其の意見を徴せしめた。吉之助は之を一覧したるも、敢て其の可否に就いては之を論ぜず、弊藩は既に擧兵に決したれば、建白書の提出には同意するを得ざるも、さりとて貴藩が之を提出することを抑止するものではない。若し貴藩に於いて、建白書を提出する時日が決定したる際は、其の前日に之を弊藩に通知せられたいと答へた。藤次は大いに當惑し、在京土州藩重臣と協議したが、議論紛紛として容易に纏まらなかつた。卽ち從來土州藩は薩州藩と一體となりて大政奉還建白の議を決したるに、今や薩州藩は獨り兵を起して討幕を實行せんとしてゐる。されば土州藩は薩州藩との提携を斷つて斷然建白書を提出するも、或は其の目的を達し得ざるの憾を抱くに至るであらうかとの虞があつた。是に於いて象二郎は三度吉之助を說伏し、自說の貫徹を圖らんとしたのである。

さて、ここからが中井の出番である。ここでは中井弘藏ではなく弘三となっている。

象二郎は先づ藝州藩家老辻將曹を訪ねて建白書を示して、これに同意せしめ將曹及び薩州藩士高崎猪太郎友愛後五六・中井弘三をして小松帶刀に周旋を請うた。帶刀は元來溫順なる人柄であつたので、漸く土州藩の說を容れ、島津備後も亦、之に左袒した爲、從來强硬論を主張して來た吉之助及び一藏も强ひて之に異議を唱へなかつた。因つて薩州藩は十月二日更めて土州藩に對して、建白書の提出に異論なき旨を通告したのであつた。

ここで、なぜ中井がこの使者のひとりに選ばれたのか考えてみたい。プロローグで紹介したアーネスト・サトウの日記からもわかるように、中井と小松は、薩摩藩内でかなり親しい関係にあったとみてよいであろう。中井の親友である五代才助がイギリスの捕虜となり、薩摩藩から秘密漏洩《ろうえい》の疑いをかけられて追われる身であったとき、同藩の家老である小松が、資金を出して上海《シャンハイ》へ逃れるように勧めたというエピソードは、前の章で述べた。つまり、五代と小松も若いころから親密な友人同士であったことは疑い得ない。また、龍馬になにかと手を貸して、長崎に亀山社中を設立したのも小松であり、このころ中井が長崎で五代の留守を守っていたことと考え合わせると、この四人の信頼関係はかなりのものだったに違いないと私は結論づけている。

仮にこういった関係がまったくなかったとすれば、後藤象二郎が、自ら手がけた一世一代の大事業の使者に中井を抜擢《ばってき》することなどなかったとも思うのである。

十月十五日、ついに朝廷より徳川慶喜に大政奉還の勅許《ちょっきょ》が下された。

この二百七十年間に及ぶ武家政治終焉《しゅうえん》の大団円に自分が参加したと実感できた数人の

なかに加わった中井は、生涯にわたって後藤象二郎との友情を大切にした。

中井と後藤の友好的な関係は明治に入っても保たれ、後藤が左院の議長、伊地知正治が副議長を務めた明治六（一八七三）年に、中井は前年に続いて四等議官に任ぜられるが、この地位は政府部内ではかなり高いと言ってよい。しかし、これは中井が望んだことではなく、後藤が世話を焼いてなんとか自分が長となった左院に引き入れた公算が強い。このとき同じ四等議官に薩摩精忠組の海江田《かいえだ》信義《のぶよし》と本田親雄がいて机を並べているが、三等議官として中井のすぐ上に、旧幕府軍を率いて最後まで官軍に抵抗した永井玄蕃頭尚志《なおむね》がいるのが面白い。この人物、幕府崩壊間際に徳川慶喜を補佐し大政奉還の上奏文を起草するが、鳥羽・伏見の戦いの敗北で罷免となり、そのあと榎本武揚《えのもとたけあき》とともに函館で新政府軍に抵抗し、最後は捕らえられて明治五（一八七二）年まで入獄、それから新政府に仕えることになる。幕末きっての俊才とうたわれたが、時運は彼に味方せず、明治政府の官僚として生涯を終える。同八年、元老院権大書記官を務め、同九年に退官、同二十四（一八九一）年に他界した。

余談になるが、作家三島由紀夫の祖母夏子がこの永井の孫であり、その夫、つまり平岡《ひらおか》定太郎《さだたろう》は、これから約三十五年後に樺太庁長官となり、原 敬の手足となって働く運命となる。

平岡は、原暗殺の約八カ月前に原家を訪問し、首相に危険が迫っていると警告した男である。

後藤象二郎は明治二十四（一八九一）年に第一次松方正義内閣の逓信《ていしん》大臣になるが、その年の六月二十六日の日記〈第一巻〉に原 敬は次のように記している。

中井弘東京に來る。松方より内命して逓信次官になさんとせしに、中井は後藤とは數年來の親友なるが今逓信に入らば彼れと意見の一致を缺かん、斯くて友誼を失ふは欲する所にあらずと言ふに在り、實際後藤逓信相は放縦なりとて内閣に於ても心配したるものゝ如し。

最後まで営利を求めなかった中井だからこそ、この一言を発することができたのであろう。功名や名声など一顧だにしない堂々たる姿勢が感じられる。彼は常に自分の栄達よりも人間関係を大切にした。大久保利通や木戸孝允のように意見が相反する両者のどちらからも信頼されるし、元勲《げんくん》のなかでもあまり人気があるとは言えない山県有朋とも平然と付き合う。大久保利通が出身藩にこだわらず、能力のある者を優先して登用したのはよく知られているが、中井も同様であり、とくに派閥のようなセクト主義を嫌ったのは大久保以上であった。

さて、大政が奉還され、徳川の政権は明治政府に移ったが、世の中は簡単には変わらない。日本の開国に反対する攘夷《じょうい》志士たちは、折あらば、外国人を排撃しようと機会を狙っていた。

そして京都において、過去に類を見ない大事件が起こり、中井は文字どおり、その真っただ中に立つことになってしまうのである。

第三章　英国公使パークス襲撃事件の全容――アーネスト・サトウの目撃

慶応四（一八六八）年一月、鳥羽・伏見の戦いで勝利した新政府軍の主力部隊が、東海道、そのほかの主要な街道をひたすら東へ北へと進軍しているころ、神戸、大坂そして京都において日本の武士と外国人の衝突が立て続けに起こった。

まず、一月十一日（陰暦）、神戸三宮を行進していた備前の家老一行があったが、そのうちの数名が隊列を横切ったフランス人水兵を負傷させるという事件が起こった。神戸事件である。（『明治天皇紀』をはじめ、この事件でアメリカの水兵が死亡したと書かれたものがあるが、実は死者は出ていない）

たまたまこの現場にイギリス公使パークスがいたために混乱に拍車がかかったが、すべての責任をとって切腹した瀧《たき》善三郎《ぜんざぶろう》のおかげで事態は収束した。このときの瀧の行為を絶賛する人は多く、イギリスの書記官アーネスト・サトウもこの事件の顚末《てんまつ》を日記に詳しく書いている。

前掲の『遠い崖――アーネスト・サトウ日記抄』〈6〉から引用する。

「十分ほどしずかにすわっていると、廊下をつたわってくる足音がきこえた。罪人は背の高い、紳士のような風采と顔つきをした男で、われわれの左手の方へ入ってきた。『介錯《かいしゃく》』が付き添い、さらに一見して同様の役目とわかるもう二名の男がついて来た。」

「滝は青色の麻の『裃《かみしも》』を身につけ、『介錯』はみな『陣羽織』を着ていた。かれらは日本側の検使の前へすすんで平伏し、検使も会釈を返した。つぎに、これとおなじ儀式がわれわれとの間で取りかわされた。それがすむと、罪人は仏壇の前の、赤い毛《もう》氈《せん》をしいた上段へ連れてゆかれた。かれは仏壇に向って、遠くから一度、近くから一度と、都合二度礼をしてから着座した。十分落ち着きはらい、前方へ倒れ伏すのにもっとも都合のよい位置をえらんで、かれは腰をおろした。」

「黒い着物にうすねずみ色の麻の羽織をつけた男が、紙に包んだ短刀を白木の台にのせてはこんできて、一礼してから、それを罪人の前に置いた。滝は短刀を両手に取って、額のあたりまで捧げ、一礼して再びそれを下に置いた。それから、かれは、はっきりした声で述べた。ただし、声は大分乱れていたが、それは恐怖や気持の動揺のためではなく、自分の恥ずべき行為を、いやいやながらも認めざるをえないことから来ているようであった。」

「滝善三郎は、はっきりした声で、二月四日（陰暦一月十一日）に神戸で、逃げようとする外国人に無法にも発砲を命じたのはこの自分に他ならない、この罪を犯した責任をとって自分は切腹する、この場にいる諸氏にそれを見届けてもらいたいと述べた。つづいて、かれは、両腕を袖から抜き、双肌《もろはだ》を脱いだ。長い袖の端を足の下に押し込み、からだがうしろに倒れないようにした。こうして臍《へそ》の下までほとんど裸体になった。それから、短刀の切先近くを右手でつかみ、胸と腹をなでながら、できるだけ深く腹に突き刺し、つづいて右の脇腹までぐっと引いた。下腹に布をしっかり巻いていたので、切り口は見えなかった。これをやりおわると、頸にうまく刀が当たるように頭を仰向きかげんにしながら、しずかに上体を前に倒した。」

「『介錯』のひとりで、さきほど滝に付き添い、検使に挨拶をしてまわった男は、切腹がはじまった瞬間から、抜刀し、滝の左手のすこし後方に膝をついて構えていた。突然その男が立ち上がり、一撃を加えた。その音は雷鳴のようにきこえた。首は畳の上に落ち、からだは前に傾き、倒れ伏した。動脈から血が吹き出し、血の海になった。血管がすっかり弱り切ってしまったとき、いっさいがおわった。」

サトウによるこの生々しい現場報告は、当時の日本語で書かれた史料と違って生の迫力があり、文面に釘付《くぎづ》けとなってしまう。これを読む者は、テレビや映画の映像を観ているのと同じ、いやそれ以上の凄惨《せいさん》さを感じるかもしれない。

このあと、『遠い崖』はミットフォードの報告と、それを読んだパークスからスタンレー外相へあてた報告を載せている。パークスはこう書いている。

「死刑の宣告を受けた者が、非常な勇気をもって自分の運命に直面したこと、そして、かれが処罰の当然なことを公然と認めたことを、わたしは閣下に申し上げたいと思う。おなじく称賛に値するのは、かれが処刑の直前、自藩の者に別れを告げるにあたって、自分の例にかんがみ、行動をつつしむように忠告し、自分は外国人を攻撃することによってこの憂き目をみたのであるから、決して外国人に対して怨恨をいだいてはならないと切言したことである。」（パークスよりスタンレー外相への報告、一八六八年三

月十一日付、および附属文書）

著者の萩原も指摘しているように、この一文からパークスの感動がつぶさに伝わってくるようである。そして、このふたり以外にも、瀧の行為を別の場所から見て同様な描写をした人物が存在した。日本側の責任者として立ち会った伊藤博文である。『伊藤博文伝』〈上〉（春畝公追頌会編）には、次のように書かれている。

備前の方は、西宮に滞留せる日置帯力（筆者注・刀）を糺問したるに、その家來の瀧善三郎といふ者が、總ての罪を一身に引受け、自分が發砲を號令せし當人なりと名乗り出でしかば、これに割腹を命ずることゝなつた。死罪とするは餘り憫然なれば、助命せんと欲し、吾輩はパークスを訪ひ、あゝいふ混雜の際に起りし事件にて死に處するは過酷の嫌あり、何とかなるまじきやと、彼に助命の斡旋を求めたるに、パークスは、日本天皇が刑罰を命ぜられたる場合に、外國公使より喙を容るべき理由なきにあらずやと理窟を云ふので、如何とも仕方がなかつた。吾輩は、検視に立會ふことになり、瀧を兵庫の寺院へ伴れ往き、その背後に薩長の兵を屏風の如く立て廻し、その前面に検分の爲め來りし外國海軍士官や公使館の書記官を始め、好奇心より見物に來たれる多くの外國人を參列させた。瀧は劍術の師範なりし故、その門人も數十人來合せてゐた。やがて時刻になると、瀧は麻上下を着け、本膳で食事を攝り、一段の謠曲を唄ひ、それより本堂へ出で、吾輩に一禮したる後ち外國の文武官に向ひ、過る十一日神戸に於て、主人通行の節外國人に發砲したるは、この瀧善三郎の號令に依る、その罪に因り今日朝廷より割腹を仰せ付けらる、宜しく御檢證を乞ふと挨拶し、式通りに、三寶に載せたる短刀を把り、腹を一文字に切つて、その短刀を元の三寶の上へ置き、首を前へ差延べし所を、その門人が刀を揮つて首を斬つた。並み居る外國人等は膽を冷して色を變へた。かくて備前兵の外國人砲撃事件が落着したのである。

歴史好き、それも幕末維新史に興味のある人でなければ、瀧善三郎という名前にはなじみがないかもしれない。私自身、この事件の詳細を知るまで、この名前を聞いたことはなく、幕末において、まだこんな立派な侍がいたことを知ってずいぶん気持ちが昂揚《こうよう》した。

しかしながら、歴史の調査には底知れないものがあって、さらに謎《なぞ》めいた著書に突き当たってしまった。それは『神戸開港三十年史』〈上〉（村田誠治編、開港三十年記念会刊、一八九八）という書物で、大岡昇平が『堺港攘夷始末』に、これを引用して、歴史には裏話がつきものだとし、このときの瀧の態度が事実だったのか否か疑問を呈したのである。

こう述べている。

瀧善三郎には切腹間際まで助命が真剣に外交団では討議された（外国側に死者が一人もいないことが判明したからである）。それがミットフォードやサトウの主張によって、執行ときまったとき、善三郎が惑乱し、一同押え付けるようにして首を斬り落とした、という話がある（『神戸開港三十年史』上巻、明治三十一年）。するとサトウやミットフォードの美しい日本人の切腹の物語はどこへ行ってしまうのか。二人は死刑を主張したうしろめたさから、美化したのか――歴史にはこの種の裏話がつきまとう。

大岡の書いた著書名が示すとおり、氏が徹底調査したのは、この神戸事件ではなく、約一カ月後の二月十五日に起こった堺事件であり、この事件のすべてが克明に書かれている。こちらは多数の死者を出した。堺の警備にあたっていた土佐藩兵がフランス軍艦の端艇《たんてい》から上陸したフランス兵ともめて箕浦猪《みのうらい》之《の》吉《きち》ら同藩藩士が端艇に発砲、フランス兵十一名を殺害した事件である。

事件の翌十六日、外国事務総督東久世通禧《みちとみ》と同事務掛五代才助（友厚）らが、堺に赴いて、土地の者の事情聴取を行った。その結果は「外国掛上申書」として十六日夜十二時付で、五代才助（薩摩）、西園寺雪江（宇和島）、中井弘蔵（薩摩→宇和島）名義で外国事務掛事務所へ提出された。

と大岡は記している。

箕浦猪之吉をはじめ二十人がフランス公使の要求で切腹に臨んだが、箕浦のように、切った腹から内臓をつかみ出し、居並ぶフランス人を睨みつけた、という世にも凄絶《そうぜつ》な光景を目撃したフランス公使ロッシュが狼狽《ろうばい》の極に達し、途中で切腹を中止したのはよく知られている。

しかし、ここでもまた著者の大岡はロッシュの居場所について疑問を投じている。氏は、このとき公使ロッシュはこの場にいなかったとするフランス軍艦デュプレックスの艦長デュ・

プティ・トゥワールの報告を取り上げ、こちらの記録が正しいとしている。

実は、現場に公使ロッシュが臨席していたと書いたのは、森《もり》鷗外《おうがい》であり、その著書「堺事件」が当時よく読まれたために、これを信じた研究者も多かったようだ。

鷗外は果たしてどのように箕浦切腹の場面を描写しているのだろうか。


呼出の役人が「箕浦猪之吉」と讀み上げた。寺の內外は水を打つたやうに鎭《しづま》つた。箕浦は黑羅紗《くろらしや》の羽織に小袴を着して、切腹の座に着いた。介錯人馬場は三尺隔《へだ》て丶背後《うしろ》に立つた。總裁宮以下の諸官に一禮した箕浦は、世話役の出す白木の四方《しはう》を引き寄せて、短刀を右手《めて》に取つた。忽ち雷のやうな聲が響き渡つた。

「フランス人共聽け。己《おれ》は汝等《うぬら》のためには死なぬ。皇國のために死ぬる。日本男子の切腹を好く見て置け」と云つたのである。

箕浦は衣服をくつろげ、短刀を逆手《さかて》に取つて、左の脇腹へ深く突き立て、三寸切り下げ、右へ引き廻して、又三寸切り上げた。刃が深く入つたので、創口は廣く開いた。箕浦は短刀を棄てて、右手を創に挿し込んで、大網《だいまう》を摑んで引き出しつ丶、フランス人を睨み付けた。

馬場が刀を抜いて項《うなじ》を一刀《ひとかたな》切つたが、淺かつた。

「馬場君。どうした。靜かに遣れ」と、箕浦が叫んだ。

馬場の二の太刀は頸椎《けいつゐ》を斷つて、かつと音がした。

箕浦は又大聲を放つて、

「まだ死なんぞ、もつと切れ」と叫んだ。此聲は今までより大きく、三丁位響いたのである。

初から箕浦の擧動を見てゐたフランス公使は、次第に驚駭《きやうがい》と畏怖《ゐふ》とに襲はれた。そして座席に安んぜなくなつてゐたのに、この意外に大きい聲を、意外な時に聞いた公使は、とう〳〵立ち上がつて、手足の措所《おきどころ》に迷つた。

馬場は三度目にやう〳〵箕浦の首を墜《おと》した。（略）

フランス公使はこれまで不安に堪へぬ様子で、起つたり居たりしてゐた。此不安は次第に銃を執つて立つてゐる兵卒に波及した。姿勢は悉く崩れ、手を振り動かして何事かさゝやき合ふやうになつた。丁度橋詰が切腹の座に着いた時、公使が何か一言云ふと、兵卒一同は公使を中に圍んで臨檢の席を離れ、我皇族並に諸役人に會釋《ゑしやく》もせず、あたふたと幕の外に出た。さて庭を横切つて、寺の門を出るや否や、公使を包擁した兵卒は驅歩《かけあし》に移って港口へ走った。

（「堺事件」現代日本文學全集55『森鷗外集』二　所収、筑摩書房一九五六）

偉大な文学者であればあるほど想像力に優れ、ストーリーはどんどん膨らんでしまうものなのだろうか、と思っていたら、大岡は前掲の『堺港攘夷始末』のなかで、『泉州堺烈挙始末』（佐々木甲象他）と題する書物が鷗外の「堺事件」の種本であると記しており、その原文を載せている。

両著を比較すると、『泉州堺烈挙始末』において「仏人」となっているところを「堺事件」では「フランス公使」としており、これは鷗外の思い込みであったことがわかる。また介錯人の名前が前者では馬場ではなく馬淵となっていることと、鷗外が、フランス側の死者数を十一でなく十三としていることの三点を除けば、内容はほとんど同一である。前者は、佐々木のほかにも、生き残りの証人として土井盛義（八之助）が参加しており、誇張や粉飾も多いが、ほかに参照するものもなく、真実を伝えている部分もあると大岡は述べている。

私が引用した「堺事件」は、昭和三十一（一九五六）年に筑摩書房から発行された現代日本文学全集『森鷗外集』〈二〉であるが、解説を書いている唐木順三は種本の存在に気づいていないようで、鷗外が不必要なまでにたびたび「皇国」とか「朝命」とかいう言葉を使っていると記している。この言葉は鷗外が考えたのではなく、その種本が使用していた語句である。「堺事件」を興味深く読んだ一般の読者は、これは、鷗外による綿密な調査に基づく話だと信じ、まさかその土台となった種本が存在しているとは思わなかったのであろう。ということは、大岡の指摘が正しいと言うべきで、実際は、大岡の調査どおり、ロッシュはヴェニス号で待っていたのである。大岡は、デュ・プティ・トゥワール艦長が明治三十九（一九〇六）年に出版した『伝記』からこの場面を引用し、十一人で切腹を中止したのは予定されていたことだとしており、ロッシュが恐怖におびえて逃げ去ったとは記していない。艦長の報告によると、土佐藩から提出された報告と異なって、フランス側が切腹を中止させ、早々に切り上げたのは、日暮れとなり帰船して、ロッシュ公使に報告する時間が迫ったためとなっている。

大岡は、フランス兵の乱暴が事件の発端であり、それを防ぐために箕浦たちがフランス兵を殺傷したと主張する土佐藩からの報告は、フランス側のものと異なっていることを指摘しており、それは、このころの薩長土肥の行為を正当化するためのものではなかったかと訝《いぶか》っている。フランス兵たちは堺港沿岸の深水を測量していただけであり、市民に暴行を加えた事実はなかったのである。前掲の「外国掛上申書」を提出した中井や五代、西園《さいおん》寺《じ》公望《きんもち》らによって報告されたものは、フランス側のものと同一内容だと大岡は述べている。

そして次の事件は、同年二月末日に起こった。外国事務局御用掛《ごようがかり》に指名された六名のうち、なぜか中井ひとりが大変な事件に遭遇することになる。イギリス公使パークスを襲った暴徒を中井と後藤が斬って捨て、新政府の外交の危機を救ったわが国の近世外交史上、初の外国高官暗殺未遂事件である。中井はすんでのところで命を落とすところであった。大岡は、この事件についてもふれていて、こう記している。

事件については、多くの維新史、小説に細叙されているので、くり返さない。堺事件と関係することを記せば、主謀者三枝蓊《さいぐさしげる》が懐中にしていた斬奸状に神戸、堺事件の屈辱に耐えない、とあったこと、三枝、朱雀操《すざくみさお》の二名が縄手通りで約七十名の供先きに斬り込んだとき、護衛の薩藩士中井弘蔵が怖れたのは、第二波に神戸、堺の残党が多数いるのではないかということだった（江間政発著『剣影録』東京、国文社、明治二十三年）。この本は本文二十七頁、仏人某の著の記述の体裁を取っている。最初の七頁は堺事件に当てているけれど、中井の口述であることは内容から見てあきらかである。

現場にイギリスの書記官アーネスト・サトウが居合わせて、『一外交官の見た明治維新〈下〉』を残した。ここに事件の全容が余すところなく書かれている。

狂信的な愛国の志士の襲撃をうける番が、いよいよ私たちにまわってきた。私たちは絶えず君主の権利を擁護してきたのであるが、それでも襲撃を免れることはできなかったのだ。

三月二十三日（筆者注・陽暦）の一時に、われわれは智恩院を発して一路皇居へ向かった。騎馬護衛兵が行列を先導し、警視のピーコックと中井《ナカイ》がその先頭に立った。そのあとからハリー卿と後藤、私とブラッドショー中尉、それから第九連隊第二大隊の分遣隊、そのあとからウィリス、J・J・エンスリー、駕籠に乗ったミットフォード（馬に乗れないので）、一行について上京した海軍士官五名、という順序だった。

智恩院の正門に向かっている縄手《ナワテ》という往来をその端まで行き、ちょうど騎馬護衛兵の最後の者が角を右へ曲がろうとした途端、往来の向こう側から二人の男がおどり出し、抜刀を振りかぶりながら人馬目がけて襲いかかった。そして、列にそって走りながら、狂気のように斬りまくった。中井はそれを見るや馬から飛びおり、列の右手の男と渡り合ったが、相手（訳注　林田衛太郎、元京都代官小堀数馬の家士）は相当手ごわく、斬り合ううちに長い、だぶだぶした袴が足にからんで仰向きに倒れた。敵は中井の首をたたき斬ろうとしたが、中井はわずかに頭皮にかすり傷を受けただけで、危うく太刀《たち》さきをかわし、同時に刀の切先《きっさき》を相手の胸に突きさした。これにひるんだその男が背中を向けたとき、後藤が肩に一太刀あびせたので、そのまま地上にぶっ倒れた。そこへ中井が飛び起きてきて、首を打ち落した。

サトウの日記に言及する場合、避けて通れないのは、昭和五十一（一九七六）年に、萩原延壽が朝日新聞に連載を開始した前掲の『遠い崖』である。この『遠い崖』は、サトウの日記を翻訳しただけでなく、著者の萩原が的確な目で追った、幕末維新時における重要な事件が詳しく書かれており、通り一遍の歴史ものと異なって、登場人物がみな生き生きと描かれていて、新鮮である。

アーネスト・サトウという名前を初めて見たり聞いたりした人は、この人物は、果たしてイギリス人なのか、帰化した日本人なのかと、判断に迷うかもしれない。もし、英文名 Ernest Satow のラストネームをセイトウと読ませるならば、なるほどと思うが、気になるところである。

萩原はさすがにこの件について調査済みで、『遠い崖』〈1〉で次のように書いている。

以前、あるイギリスの歴史家がSatow のことをセイトウという風に呼ぶのをきいたことがある。その歴史家はイギリス近代史の専門家であったが、たしかにそういわれてみると、サトウという呼びかたがただしいのかどうか、不安になってきた。想像をたくましくすれば、サトウというのは日本によくある名前と似ているため、なにかにつけて便利であるという理由から、来日後Satow 自身が考え出した仮の呼びかたであって、イギリスにかえればやはりセイトウということになるのではないか。その点をたしかめるには、Satow の関係者をさがし出し、きいてみるよりほかはあるまい。そう思って、なにげなくロンドンの電話帳をくってみると、Satow という姓のひとが、ふたり登録されていた。五年ほどまえ（一九七一年）のことである。さっそく、そのふたりに手紙で問合わせてみると、いずれもSatow の関係者であり、しかも親子であることがわかった。すなわち、Satowの末弟のサミュエル（Samuel）の六男にあたる、退役海軍中佐のクリストファー（Christopher）と、その長男で退役海軍少佐のポール（Paul）である。

まもなく、そのふたりに会うことができたが、その結果はっきりしたのは、セイトウではなく、サトウがただしい呼びかた、というより、この一族ではむかしからSatowをそう読んでいる、ということであった。

それでは、サトウの略歴を簡単に見ることにしよう。同じ『遠い崖』〈1〉の序章で、萩原は次のように紹介している。

アーネスト・メーソン・サトウは、幕末から明治にかけて、通算すると約二十五年間、日本に駐在したイギリスの外交官である。（略）

サトウは一八四三年、日本流にいえば天保十四年、ロンドンで生まれ、文久二年（一八六二年）、イギリス公使館付の通訳生（Student Interpreter）として、はじめて日本の土を踏んだ。まだ十九歳の若さであった。

それから明治二年（一八六九年）に賜暇で帰国するまで、サトウの日本滞在は六年半におよんだが、それは幕藩体制が崩壊し、明治新政権が樹立される激動と変革の時期にあたっていた。サトウの青春の日々は、近代日本の夜明けと文字通り重なり合っていたわけである。

その間、サトウの地位は通訳生から通訳官（Interpreter）、さらに日本語書記官（Japanese Secretary）へと昇進していた。日本語書記官は公使館書記官（Secretary of Legation）につぐ身分であり、日本語を自在に駆使するサトウの存在は、イギリス公使館にとって不可欠なものになっていたのである。

やがて翌明治三年（一八七〇年）に賜暇をおえて、ふたたび日本にかえったサトウは、慶応元年（一八六五年）以来の上司である公使ハリー・パークス（Harry S. Parkes）の下で、ひきつづき日本語書記官として、明治十五年（一八八二年）まで勤務をつづけることになった。

このあとサトウは、バンコクの総領事や公使を務めたあと、南米ウルグアイやモロッコで勤務し、明治二十八（一八九五）年、日清戦争終了後に公使として再び日本に赴任。その後、清国公使を務め、同三十九（一九〇六）年、四十五年の外交官生活に終止符を打ったことが述べられている。

パークス襲撃事件に戻ろう。大岡が指摘するように、この事件を報じた歴史書や小説はおびただしい数に上る。その大半がこのサトウの回想をそのまま載せるか、あるいは多少脚色しているかであるが、なかには到底信じられないようなストーリーに仕上がったものもある。とくに首をかしげざるを得ないのは、戦後日本文学の最高傑作のひとつといわれるあるある小説のなかの描写である。

英国公使パアクスの上京には新政府でも殊に意を用いた。大坂を立つ時は小松帯刀と伊藤俊介とが附き添い、京都に入った時は中井弘蔵と後藤象次郎とが伏見《ふしみ》稲荷《いなり》の辺に出迎え、無事に智恩院の旅館に到着した。この公使の一行が赤い軍服を着けた英国の護衛兵（所謂《いわゆる》赤備兵）を引率し、あるいは騎馬、あるいは駕籠で、参内のために智恩院新門前通りから縄手通りにかかった時だ。そこへ二人の攘夷家が群集の中から飛び出したのであった。かねて新政府ではこんなことのあるのを憂い、各藩からは二十人以上の兵隊を出させ、通行の道筋を厳重に取締らせ、旅館の近傍へは屯兵所《とんぺいじょ》を設けて昼夜怠りなき廻番《まわりばん》の手配りまでしたほどであったのに、新政府が万国交際の趣意もよく攘夷家に徹しなかったのであろう。それ乱暴者だと言って、一行護衛の先頭にあった兵隊が発砲する、群集は驚いて散乱する、その間に壮漢等の撃合《うちあ》いが行われた。中井弘蔵と後藤象次郎とは公使の接待役として、その時も行列の中にあったが、後藤は赤備兵の中へしゃにむに斬り込んで来たもののあるのを見て、刀を抜いて一名を斃《たお》した。二度目に後藤の刀の目釘《めくぎ》が抜けて、その刀が飛んだ。そこで中井が受けた。中井は受け損ねて、頭部を斬られながらその《そこ》場に倒れた。一名が兵隊のため生捕《いけど》りにされて、この騒ぎは漸《ようや》く鎮まったが、赤備兵の中には八九人の手負いを出した。

島崎藤村の大作『夜明け前』〈第二部　上〉からの抜粋である。

これをうっかり読み進むと、読者は、まるで後藤の刀の刀身が飛び出して、中井の額に当たり、負傷したようにとってしまうかもしれない。実際は、後藤の代わりに中井が相手をした、と言いたいのだろうが、藤村は本当に、飛んできた刀を中井が受け取り損ねて負傷したと理解したのかもしれない。

しかし、仮に刀が飛んできてそれに当たって昏倒《こんとう》などということになっていたら、後世まで残る珍場面で、周囲も爆笑したに違いない。しかし、サトウの目撃では、後藤は一太刀浴びせた、となっていて、刀身が飛び出たなどとは言っていない。また、藤村は、中井が朱雀の首級を挙げたとしておらず、斬られて倒れたままであるが、これも失笑を買いかねない描写である。

なぜこんなことになってしまったのだろうか。これはつまり、いかに文豪島崎藤村であっても、現場を見ていないからこうなるので、孫引きにはよほど気をつけなければならない。もっとも、素人の私が藤村に注文をつけるなど、釈迦《しやか》に説法どころの話ではないのは重々承知のうえだが。

おそらく藤村が参考にしたのは、前掲の『櫻洲』ではないか。このなかに同様のことが書かれている。

さて、私のような、一般の歴史好きというだけで研究者でもなんでもない者にとって、幕末維新史といえば避けて通ることはできない著作がある。前章でも何回か引用した大佛次郎の未完の大作『天皇の世紀』である。彼はこの事件をどのように描写しているか、見てみたい。

大佛は、サトウの目撃談だけでなく、同時に日本側記録も記載して対比しているが、その襲撃の場面の冒頭、次のように中井と後藤を登場させている。

僅か二名で、異人の行列の中へ斬込んで、血迷っても居たろうが、狙った公使を発見出来ない。この手当り次第で乱暴な襲撃を受けたイギリス騎兵も混乱に陥った。その時、列中にあった日本人中井と後藤が、さすが乱世に育った武士で、めざましい働きに出て、暴徒の前に立ちふさがった。

サトウもこれを述べている。

大佛は、ここで前掲の『一外交官の見た明治維新』に書かれたサトウの目撃談を引用する。『天皇の世紀』において、中井は全十巻のうち、計四巻、全部で十四頁に登場するが、「パークス襲撃事件」に関するだけで、七頁にわたって中井の名前が記載されている。次に大佛は日本側記録である『大日本外交文書』第一巻一冊の「英仏蘭三公使戊辰京都参朝記聞」から事件の顚末を引用する。

徳富猪一郎《とくとみいいちろう》（蘇峰《そほう》）も同文書を引用している。『近世日本国民史』〈第六十九巻〉に約六十頁を割いてこの事件を詳述しており、蘇峰はそれぞれの記述のあとにひと言ずつ、的確な感想を載せているので、こちらを引用する。この事件は日本外交史上の大事件であったわけで、幕末維新史を語るうえで避けて通れない事件である。蘇峰は中井を激賞してやまない。

如レ此護衛兵の中に危變あれども、道路狹隘、轉折するの餘地無ければ、公使を始、元燁（後藤象二郎）等も、前路の混雜何事なるを知らず、弘（中井）は最初前導に在りて、夐《はるか》に後列の變あるを見放《みやる》に、忽一人の暴徒列を衝《つ》き、既に騎兵を斫《き》りし體にて、尚白刄を揮て前導の方に向ひ、襲撃せんと進み來れば、吐嗟《あはや》と驚き、急に馬上を飛下り、佩刀を拔き翳《かざ》し、飛鳥の如く走《は》せ返り、擊斥けんとするに、却て暴徒抵抗し、弘に立向ひて烈戰す。

蘇峰いわく「中井弘の働らき、氣轉實に拔群である。彼在り、爲めに日本人の名譽を護持するを得た」

弘と等しく眞先に前導せし宇都宮（靱負）、土肥（眞一郎）の兩官吏は此の急變に狼狽し、弘が危険を援《たすけ》んとはせず。事状を皇城に奏せんと馳出して、三條大橋の方に至る。

蘇峰いわく「此れが役人氣象である。醜態嗤《わら》う可しだ」

この走り去った役人のうちのひとり土肥眞一郎《どいしんいちろう》とは、明治になって五代友厚（才助）の仕事を引き継いで第七代大阪商工会議所の会頭を務めることになる土居通夫《どいみちお》である。彼の伝記である『土居通夫君伝』（半井桃水）によれば、土居は田宮流剣法の免許皆伝を得た人物とあり、中井とは莫逆《ばくぎゃく》の友であったと記されている。行列の先頭を行く土肥と宇都宮が本来の護衛であり、中井は外国事務局の上司から外国人接待係を命ぜられていただけであり、要人警護が役目ではなかったようだ。だから彼らが、中井の危急を救おうとはせず、真っ先に現場から逃れたというのは理解に苦しむ。

弘は救援の者一人も無しと雖、獨《ひとり》奮激大に敵に膺《あた》り、一上一下互に斫結《きりむす》び、擊つ太刀力餘り過《あやま》つて蹉跌《さてつ》したりしかば、暴徒其虚に乘じ、擊著《きりつけ》し刀鋒些《いささかものあひ》物間遠くして、僅に弘が頭上傷《きずつ》く。弘が危急の一撃、暴徒は面部要所に傷けられ、相撃の體にて、互に二の太刀を撃つ氣力撓《たわ》み、躕躇《ちゅうちょ》す。此時までも、元燁（後藤象二郎）は、公使と共に遙なる元吉町に在て、縄手通の街角に隔遠なれば、先駈《せんく》に在《かか》レ《る》斯變あるを知らず、行列遽《にはか》に止り、群集動搖の爲態《ていたらく》を怪しみ、馬を馳せて街角に至り、初めて前駈の困難を目撃し、忽ち馬より飛下り、遙に弘が苦戰の體を見、其危急を救はんと走せ至り、後に立塞り、暴徒の肩先を一刀に斬斃《きりたふ》す。弘は頭上の鮮血流れて眼中に滲り入るをも屈せず、直ちに起て其の首級を剄《はね》る。

蘇峰いわく「要するに日本の面目は、全く中井・後藤兩人の臨機の勇ましき働らきによりて維持せられた」

このとき、新政府の対応のまずさを憤り、それを逆手にとって、幕府勢力の巻き返しを図ろうとしたフランス公使ロッシュに対するパークスの毅然《きぜん》とした態度について、徳富蘇峰はこう述べている。

此に至りて後藤・中井兩人の勇闘が、如何なる偉大なる効果を、英國公使の心理上に齎《もた》らし來りたるかを知るに餘りあらむ。パークスは怒り屋ではあるが、決して容易にレオン・ロッシュの口車に乗るほどの漢《をのこ》ではなかつた。

衆人環視のなか、新政府の高官ふたりが外国の要人を救うために、襲撃した日本人を斬り捨てたのである。この事件の前に起こった神戸事件、堺事件、六年前に薩摩藩士がイギリス人を斬りつけた生麦《なまむぎ》事件、そして八年前に薩摩藩士がアメリカの通訳官ヒュースケンを暗殺した事件などは、すべて日本人が外国人を襲撃して殺傷したのである。しかし、今回事情はまったく異なっていて、今でいえば、外国要人を襲おうとした暴漢を見て、シークレットサービスが逃げてしまい、代わって現れた政府高官が暴漢を撃ち殺したというような事件である。西洋人がまだまだ不思議な存在で、いまだに攘夷《じょうい》思想を捨てきれない人がたくさんいた日本である。たとえ接待役といっても、とっさに頭を切り替えて、襲撃した日本人武士を斬って捨てるというのは容易なことではない。その意味でも、このときの中井と後藤の判断は的確であったと言えるだろう。

パークスは名うての外交官であり、恫喝《どうかつ》外交をもってアジアの国々を渡り歩いた人物で

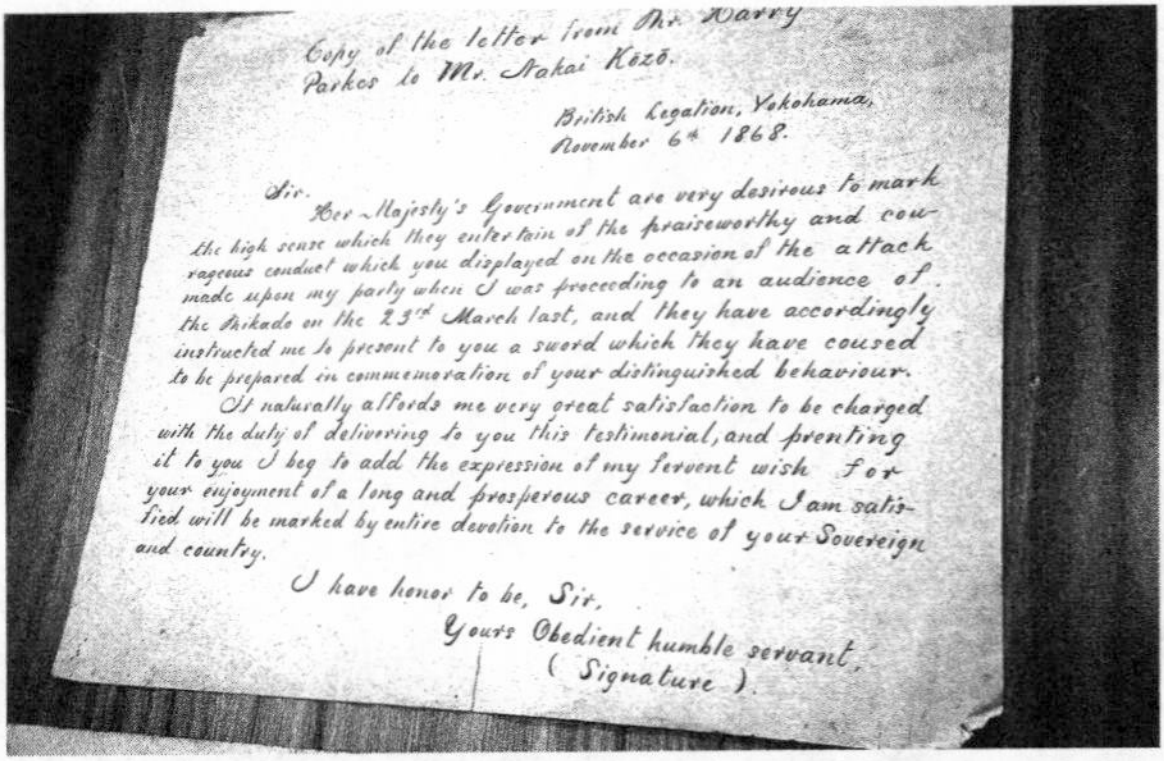

Copy of the letter from Mr. Harry
Parkes to Mr. Nakai Kozō.

British Legation, Yokohama,
November 6th 1868.

Sir.

Her Majesty's Government are very desirous to mark the high sense which they entertain of the praiseworthy and courageous conduct which you displayed on the occasion of the attack made upon my party when I was proceeding to an audience of the Mikado on the 23rd March last, and they have accordingly instructed me to present to you a sword which they have caused to be prepared in commemoration of your distinguished behaviour.

It naturally affords me very great satisfaction to be charged with the duty of delivering to you this testimonial, and prenting it to you I beg to add the expression of my fervent wish for your enjoyment of a long and prosperous career, which I am satisfied will be marked by entire devotion to the service of your Sovereign and country.

I have honor to be, Sir,
Yours Obedient humble servant,
(Signature).

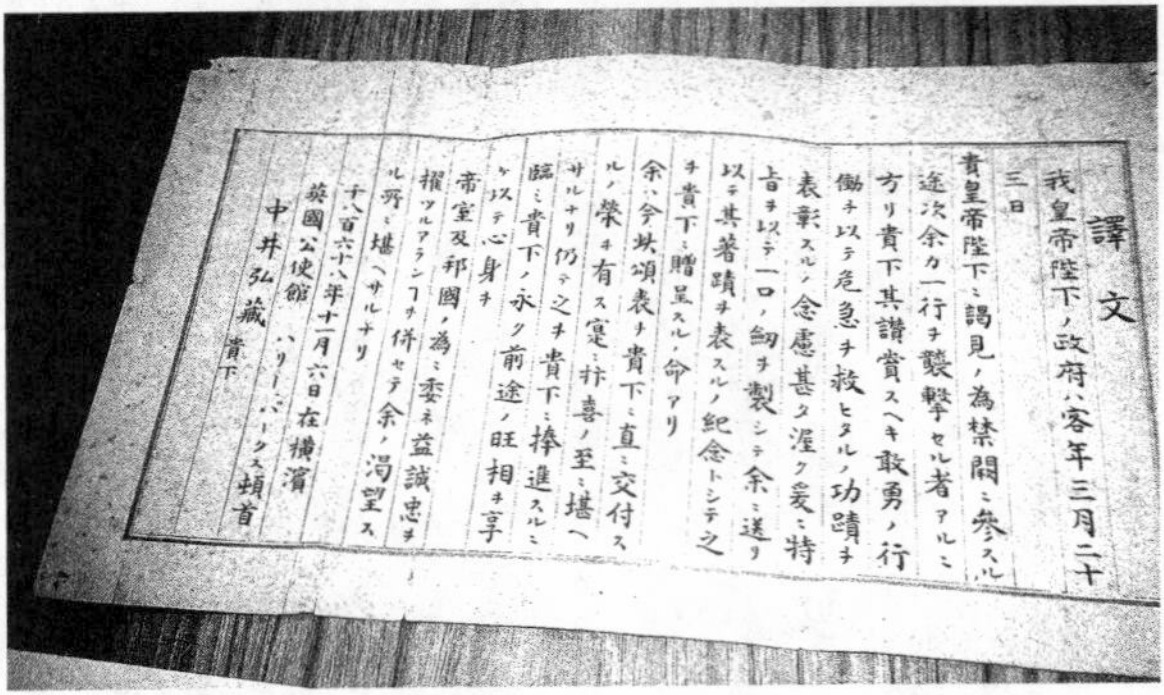

譯文

我皇帝陛下ノ政府ハ客年三月二十三日
貴皇帝陛下ニ謁見ノ為禁闕ニ参スル途次余カ一行ヲ襲撃セル者アルニ方リ貴下其讃賞スヘキ敢勇ノ行働ヲ以テ危急ヲ救ヒタルノ功蹟ヲ表彰スルノ念慮甚タ渥ク爰ニ特旨ヲ以テ一口ノ劒ヲ製シテ余ニ送リ以テ其著蹟ヲ表スルノ紀念トシテ之ヲ貴下ニ贈呈スルノ命アリ
余ハ今此頌表ヲ貴下ニ直ニ交付スルノ栄ヲ有スル寔ニ抃喜ノ至ニ堪ヘサルナリ仍テ之ヲ貴下ニ捧進スルニ臨ミ貴下ノ永ク前途ノ旺相ヲ享ケ以テ心身ヲ
帝室及邦國ノ為ニ委ネ益誠忠ヲ攄ツルアランコヲ併セテ余ノ渇望スル所ニ堪ヘサルナリ
千八百六十八年十一月六日在横濱
英國公使館 ハリー・パークス頓首
中井弘藏 貴下

パークスから中井へあてた礼状の原文の複写（上）と譯文（下）
（京都国立博物館所蔵）

あったから、事件直後の関係者は色を失ったと記録されているが、中井と後藤の獅子奮迅《ししふんじん》の働きにより、かえってパークスが感激し、大きな外交上の失態とはならず、事なきを得たのである。

話はこれだけで終わらない。明治となったこの年の秋も深まるころ、英国ヴィクトリア女王より二振りの宝刀が中井と後藤に贈られた。

中井に贈られた宝刀は現在、京都国立博物館に保管されており、特別な展示会のときに一般公開されている。この剣は中井の死から九年後の明治三十六（一九〇三）年に、原敬と本田親雄から当博物館に寄贈された。

刀身には次のような英文が彫られている。

PRESENTED TO NAKAI KOZO

IN MEMORY OF THE 23RD OF MARCH, 1868

平成十二（二〇〇〇）年の春、インターネットで京都国立博物館の過去の特別展示を見

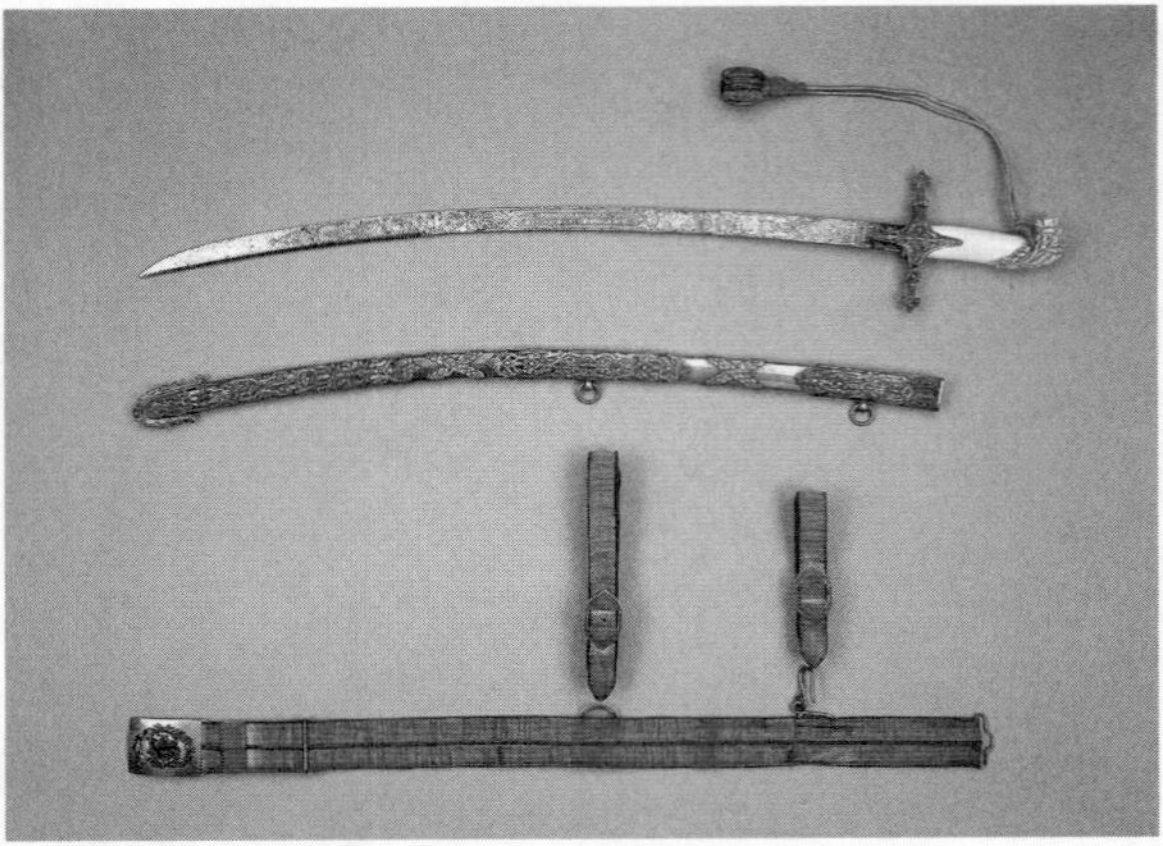

英国女王から贈られた宝刀（京都国立博物館所蔵）

ていた私の目に中井 弘という文字が飛び込んできた。そこで、この宝刀がかつて当博物館において展示されたということを知り、さっそく連絡をとった。

同年六月、普段は見ることのできないその宝剣を見せていただいたのである。上の写真がそれである。後藤に贈られたもうひと振りの行方はわからない。

パークスの命を救ったこの話は、中井の武勇伝として後のちまで語られることになり、冒頭に述べたごとく、いつの間にか中井桜洲豪傑説が創られてゆくことになるのである。

この事件以降、一般にも広く知られるようになった中井の活動はめざましいものとなり、『大久保利通日記』『木戸孝允日記』、『遠い崖』などに頻繁に登場するようになる。

このころ中井が住んでいたところは築地であった。三人の日記には、それぞれが中井の自宅を訪問して打ち合わせをしたり、できたばかりの築地ホテルで食事をしたりして親しく付き合った様子が書かれている。

木戸の場合には、一夕《いつせき》数人で会合をもったあと、一度散会したものの話が尽きず、中井を自分の家に呼んでさらに話し合ったかと思えば、その翌日には、寺島宗則、町田民部、山口範蔵らと中井の家で一献傾けたあと、深夜になってしまったので、中井の家に泊まってしまう、などと記している。

中井の居宅は、今の勝鬨《かちどき》橋の近く、京橋区築地二丁目の小山内《おさない》薫《かおる》の築地小劇場の近くにあった。当時の政府高官たちはこの地域に多く住んでいたようである。中井宅から歩いていくらもかからないところに築地西本願寺別院があり、その隣に大隈重信の豪壮な邸宅があったのはよく知られている。明治元（一八六八）年から四、五年にかけてのことだが、この邸に日夜集まっては議論に余念のない若き官僚の一団がいた。例の外国事務局御用掛として顔をそろえた五名と、のちの日本陸軍において隠然たる力をもつことになる山県有朋や西郷従道たちである。

第四章　築地梁山泊の豪傑たち――大隈重信の回想

中井が命名したのは鹿鳴館《ろくめいかん》だけではなく、大隈重信の豪邸にも名前をつけた。「築地梁山泊《りょうざんぱく》」である。大隈のほかに、五代才助、伊藤博文、井上馨らそこに集まる数名を「水滸伝《すいこでん》」に登場する豪傑になぞらえたといわれているが、中井本人もそれに含まれているために、このことも中井豪傑説誕生の一因となったようである。このときの経緯を書き残しているのは、そこの主人であった大隈である。

このなかで面白おかしく書かれた中井にまつわるエピソードは、どこまでが真実だかわからない。座談の名手といわれた大隈の話は講談調でなかなか面白いが、大久保や木戸の日記から読み取れる中井の日常はこれとはずいぶん異なっていることに注意しなければならない。しかし、当時の中井を知る手がかりでもあるので、はなから無視というわけにもいかない。大隈は中井を奇人と称しているが、「飄逸《ひょういつ》な」という形容をしていて、好意的に描いている。前掲『大隈侯昔日譚』から引用する。

こう云う変り者揃いであったが、その中でも最も奇抜で、最も変っていたのは、中井弘三（桜洲）――後弘と改む――であった。

中井は薩摩の出身だが、由来薩摩はなかなかの変り者を出した。また大分和歌詠みは出ている所であるが、中井は詩が上手であった。ことに詩を吟ずることは実に巧みで、最も得意とするところであった。書もなかなか上手であった、元々才幹な愉快な人物であったが、どちらかと云うと世の中を馬鹿にして、浮世を三分五厘で渡ろうと云う、飄逸な畸人であった。風流人でもあった。滑稽を云うことが極めて上手で、喜劇の主人公には持ってこいと云うような、常に人を笑わしていた男である。「築地梁山泊」と云う名称も、最初この中井が命名して呼び出したと思うのである。無類の我儘者ですこぶる不作法に不検束にしかも道楽に出来ていた。どこにでも友人があって、参議もあれば大臣もある。大久保のような真面目な人の所へも行けば、木戸は勿論山県、伊藤、井上と誰とでも親しい。ところがこの男どこへ行っても案内なんか乞うたことはない。玄関素通りで奥へ通っては、食物の我儘まで云う。ヤレ「鰻を喰わせろ」、とか「お前の所の飯では病気になるから何か甘い物を取ってこい」と云う調子だから堪らない。煙草を出すと口を極めてくさすが、それなら吸わぬかと思うと、帰りには大摑みで、ポケットにねじこんで行く。それでこの男、どこへ行ってもこれで通っていたから偉いものであった。

これが偉いのなら、偉くなるのは実にたやすい。まあしかし、これは目撃談であるから少しは信憑《しんぴょう》性が高そうだが、それでもあちらこちらに疑問符をつけざるを得ない。「お前の所の飯では病気になるから何か甘い物を取ってこい」というのは医学的に正しいかどうかわからないし、そんな心配があるなら、飯などご馳走にならなければいいではないか、と言いたくなる。

この本は昭和に刊行されたが、初出は大正十（一九二二）年の報知新聞であるから、『伊藤痴遊全集』に収められたエピソードよりも十年ほど前のことである。となると、単発的な事跡や記録は別として、直接中井に接した元勲《げんくん》たちの残したもので、ナマの横顔をとらえたものとしては、これが最も早く世に出たものかもしれない。大隈は続ける。

中井の沢山の珍談奇談のうちで、この梁山泊中に起った中井を中心とした奇談で、また美談とも珍談とも云うべきものが一つある。

中井はこう云う男だから風流韻事も盛んにやった。飄々として至る処青山在り、往くさきやわが宿で、女房？　も方々へもっていた。ところでその頃何の気まぐれでか、新田義貞か誰かの子孫だと云う、新田満次郎と云う名門の旗本の娘さんを妻に貰って、あまり間のない時であった。名門のお嬢さんと云うので一寸奇癖を出して、物好きに貰って見たのであろうが、当人は相変らずの飄々乎たりである。

ところがこの中井はやはり薩摩出身で、前に述べた五代、寺島同様な理由で、西郷等の軍人連に良くなくて、郷国《くに》に呼び戻された。この時ばかりは流石の桜洲山人も観念したと見える。どうせ今度こそは、薩摩へ帰ったが最後、生きては帰れぬ、必ず切腹ぐらいはしなければならぬと覚悟したと見える。後に悲劇を残すまいと思ってか、その細君には綺麗に離縁状を渡して、わが輩の妻に頼んで「どうか良いところがあったら縁付けてくれ、今度は生きては帰れぬから」と、預けて行った。人の死なんとするやその声悲しで、中井としてはまことに奇特な殊勝な考えであった。

するとその頃井上（筆者注・馨）が何でも変な女と同棲していたが、それがどうも豪傑連中にひどく不人望で、とうとう皆で追い出すかどうかしてしまった。その内井上と云う男はなかなか素早い男で、何時の間にかわが輩の預り物と想思の仲と云う始末だ。サアたまらぬ梁山泊内鼎の沸くがような騒ぎである。「井上と云う奴は実にけしからぬ、不埒な男だ」と、憤慨する者と、「マア、そんな事は放っておけ、どちらも人間だから……」と云う者と、いわゆる硬軟両派に分れたわけである。（略）そんならと伊藤や何かが寄って、マア粋な裁きで「お嬢さんと井上とを夫婦にしたら」と云うことになり、愈々それがよかろうと、わが輩の所で両人正式の対面と云うことになった。

ところが愈々対面と云うところへ、どうしたことかもうとっくに腹でも切って死んだ筈の中井が、ひょっこり生きて帰って来た。それがもう中井が去ってから半年以上――一年近くにもなるか――にもなってのことである。しかも偶然にもこの席へ帰って来たのだから驚かざるを得ない、後で聞くと何でも中井は薩摩へ帰ってから、やはり才幹な男とて、何とか軍人連の心を和げて死なずに済み、軍隊の部下となって、軍隊と一緒に上京して来たので、わが輩とは無二の友人だから、先ず一番にわが輩の宅へ来たところが、こちらはこの始末で、玄関か何かで中井にぶっ突かって鉢合せをした山県の、この時の狼狽《あわ》て方ったらなかった。「マアマアマア……」と云うわけで、山県が中井を一室の中に押し込めてしまって、女を隠すやら何やで大騒ぎ、妻等も大分色を失った。とうとう伊藤が情を明かして中井を説伏しようとしたが、中井は恬淡な男で畸人である。「アアそうか、どうかよろしく頼む」と云うたきりであった。（略）一方話は進んで、愈々わが輩の妻の妹分として、井上と正式に結婚すると云う段取りになった。井上が大分のいたずら者であったから、只ではいかぬと云うので、終身偕老同穴の契りを結びますと云う証文をわが輩の妻にとられて、これに伊藤と山県とが証人になったのである。井上は大分道楽もした男であるが、この細君をなかなかに重んじて大切にした。つい昨年頃まで生きておられた井上夫人がこれである。

中井の妻とは武子のことである。これを読んだ人は、おそらく事実は小説よりなんとかで、こんな面白い話はないと思うかもしれないが、どこまでが真実なのかわからない。しかし、この話をドキュメンタリーとして書いている人は大隈以外にいないので、一応、大筋は正しいとしておくしかないが、このなかで明らかに創作したと思われる箇所がある。それは、中井が西郷らの軍人に呼び戻され、切腹覚悟で帰藩したという部分である。

既述のとおり、たしかに、中井は明治二（一八六九）年七月、突如として外国官判事という重職を返上して鹿児島へ帰ってしまうが、このときの外務省記録によると、七月六日「依願（により）これまでの職務（を）被免」、同日「勤務（に）格別精励し神妙のことにつき晒布《さらし》二匹と金千両を下賜」と記録されている。明治初期のころの一両は現代の三千～五千円といったところらしい（インターネット調べ）。とすれば、千両では数百万円といったところか。大金である。

このふたつの話をつなぎ合わせると、まったく辻褄《つじつま》の合わない話が出来上がる。外国官判事という外国事務局の高官が鹿児島の西郷隆盛たちから呼び戻され、切腹覚悟で帰ることになった。政府は、それはご苦労なことだと、何百万という大金をくれたというのである。こんないい加減な話があるわけがない。

私は、この真相とは、もっぱら、明治政府が頭を悩ませた「廃藩置県」に関することだけだと思い込んでいたが、平成二十（二〇〇八）年になって、真実は異なることがわかってきた。そして第一章で述べたように横山家再興のために帰藩したという結論を導き出した。その事情を大隈は知らない。

明治四（一八七一）年七月、木戸と大久保が主になって計画し、西郷隆盛の決断で一気に成立したこの「廃藩置県」についての会議は、薩摩と長州だけが参加し、土佐も肥前も蚊帳《かや》の外に置かれたのはよく知られている。その発布を前にして、極秘のうちに進められた西郷隆盛担ぎ出しの計画に大隈は参加していないから、とんでもない誤解が生じたのかもしれない。これについては次章の「廃藩置県前夜」で詳しく述べることにしたい。

中井と武子の話は、日本テレビでもドラマとして放映されたことがある。昭和五十九（一九八四）年の同局開局三十周年記念特別番組で、大野靖子原作、せんぼんよしこ演出の「鹿鳴館物語」である。主人公の井上夫人武子を若尾文子、その若き愛人を草刈正雄、井上 馨を財津一郎、そして中井を若林 豪が演じたのだが、前述の築地梁山泊での大騒ぎはまったくそのままであり、まるで主役のように描かれた若林の好演もあって、中井の子孫にとっては胸のすく物語であった。おそらくこれは『鹿鳴館貴婦人考』（近藤富枝 講談社、一九八〇）を参考にしたものだと思われるが、オリジナルは『大隈侯昔日譚』であることに間違いない。

ところで、大隈の本願寺脇の壮大な邸宅は薩摩《さつま》の軍人たちから非難され、海音寺《かいおんじ》潮五郎《ちょうごろう》のように、西郷隆盛はここに出入りする人間を好まなかったと、五代や中井の名前も挙げて書いている作家もいるが、果たして中井も嫌われたかどうか確証はない。中井は大久保とは親密であったが、西郷とは折り合いが悪かったと書かれた著作もあるが、それはどの程度のものかわからない。既述のとおり、中井の親族のなかには西郷の親友と言ってもよい本田親雄がいるし、西郷の弟である従道や従弟の大山 巌たちは中井とはとくに仲が良かったことを思うと、西郷との関係はそれほど悪いものではなかったと思う。ただ、ふたりは慶応三（一八六七）年の秋を除くとあまり接点がなかったことは事実である。

伊藤博文の伝記には、少し異なる筆致で梁山泊の様子が描写されている。そこには、大隈はもちろん、井上 馨、五代才助、そして中井の名前がある。

曩に大隈が築地西本願寺脇の広壮なる邸宅に住居し、門戶を開放して朝野の名士を迎へたる頃、公は、その附近の舊川崎八右衞門邸に住居し、井上馨、中井弘、五代友厚等と共に大隈邸に出入して、互に議論を鬪はせしが、公以下の諸士はいづれも夙に英國に留學せしことゝて、王政復古の實を擧ぐるには、藩制を全廢して郡縣制に改め、財政及び兵權を悉く中央政府の手に收め、以て泰西文明の諸國と對峙せんとする進步的意見に於て相一致してゐた。かくて、大隈邸は保守派の人々よりは、築地の梁山泊と稱せられ、恰も危險人物の巢窟なるかの如くに思はれた。

（『伊藤博文伝』〈上〉春畝公追頌会編）

伊藤博文といえば、高校生のときであったか、母からこんな話を聞いたことがある。
「パッパはね、小さいときに上野の動物園で伊藤博文に肩車してもらったことがあるんだって」

パッパとは母の父、つまり私の祖父與市のことである。余談だが、森鷗外が娘に自分をパッパと呼ばせていたのはよく知られている。母は常々、「わたしはパッパが五十歳のころに生まれたのよ」などと言っていたから、逆算すると祖父は鷗外より十歳ほど若いことになるが、まあ同世代と言ってよいだろう。このころ流行った呼び方なのかもしれない。

上野動物園が開園したのは明治十五（一八八二）年だから、六年生まれの祖父は九歳。わずかに記憶は残っていたらしい。中井は伊藤博文とはとくに親しかったから、こんなこともあったのだと母は語ったが、当時私はまだ伊藤博文がそれほど偉い政治家であるとは知らず、さして驚くようなエピソードとは思えなかった。だが、このふたりの友情は中井が世を去るまで続くのである。

母は折にふれて、自分の知っていることをぽつりぽつりと語ったが、そのなかには、「鹿

築地梁山泊にて。前列左から伊藤博文、大隈重信、井上馨、後列左から中井桜洲、久世治作（伊藤公資料館所蔵）

鳴館という名前はわたしのおじいさんがつけたのよ」とか、「わたしの伯母さんは貞子っていって、原敬の奥さんだったのよ」とか、伊藤博文の肩車どころではない、何倍も耳を疑うような話がいくつか含まれていた。そして、これらの話は、プロローグで述べたとおり、すべて本当のことであった。中井はたしかに鹿鳴館の名づけ親であったし、母の伯母である貞子は原敬の最初の妻であった。しかも、貞子が正妻であった期間は二十二年であり、後妻の浅は十三年、貞子のほうが九年長かったのであるから、これを知ったときには驚いた。

桜洲のことを初めて聞いたのは、たしか小学校高学年のころだったと思う。近くに住む六歳年長の従兄から聞いたエピソードである。それは、木戸孝允（従兄は、木戸ではなく桂小五郎《かつらこごろう》と呼んだ）の馬車に乗せてもらった曾祖父《そう》が、自分の家の前に来たときにひょいと飛び降りて、「それじゃ、また」と言って平然と家のなかに入ってしまったので、桂があっけにとられた、という話である。相手は維新の三傑《さんけつ》のひとりで、知らぬ人はいない人物である。当時、私は、鞍馬天狗にのめり込んでいたから、自分の曽祖父が桂小五郎の友人だったというのを聞いて大いに感心してしまった。ひょっとすると、曾祖父は勤皇《きんのう》の志士である坂本龍馬や月形半平太《つきがたはんぺいた》たちとも付き合ったのではないか、などと勝手な想像をめぐらすことにもなった。驚いたことに、後日、龍馬もそうだが大久保利通や伊藤博文たちとも親しかったことが判明する。

大学を卒業するころになると、私もかなり幕末維新史に興味を抱くようになっていたから、木戸孝允とか、鹿鳴館とか、あるいは原 敬とかいった文字に自然と注目するようになった。しばらくして、母が保管していた古いアルバムが追い打ちをかけた。中学や高校時代にも見たことはあるのだが、特別興味をもつようなことはなかったものである。それが、

京都丸山公園に立つ中井桜洲の胸像の前で、筆者の両親

そのとき初めて、おやっと思う場面に遭遇したのだ。両親が結婚したときに京都で撮った記念写真であるが、目を奪われたのは結婚したての若き両親ではなく、背景となっている胸像だった。鉄柵に囲まれた地上五、六メートルを超えると思われる、当時でもめったにない大きなものである。

「ひょっとして、これが桜洲なの?」と母に尋ねたところ、「そう、戦前にね、京都の丸山公園にあったの」という答えが返ってきた。この胸像は太平洋戦争のときに取り壊されてしまったが、現在でも中井の三男松太郎の娘が建て直した小ぶりな像がある。丸山公園から八坂神社へ抜ける、芝生に囲まれた一画にぽつんと立っている。

そして、このほかに二枚のセピア色の写真が脳裏に焼きついた。それは、パリで撮影された母の伯母貞子のプロフィールであった。これらを見たとき、急に私の心のなかで何かがはじけた。鹿鳴館の名づけ親であり、娘を原 敬に嫁がせた男、木戸孝允や伊藤博文を友とした京都の名物知事。

私が曾祖父中井桜洲の生涯について、本格的に興味をもちはじめたのはそのときである。けれども、社会人になり、結婚して子供がふたりでき、彼らが学校に入るまではまったく余分なことに手を出す時間がなかった。三十代前半までは、中井に関することについても思ったような調査などできず、一時期は中井の研究から遠ざかったこともあったが、それでも三十五歳を過ぎてからだったろうか、少しずつ変化が起きはじめ、史資料の集まり具合が早まった。

ある週末の午後であった。神田神保町に出かけたときのことである。ぶら

パリにて。中井の長女貞子（筆者所蔵）

ぶら歩いていた私は、一軒の古書店先のワゴンに積まれていた『伊藤痴遊全集』〈第十八巻〉という厚手の本を手に取った。表紙をめくると「西郷南洲・木戸孝允」となっている。すぐに心に浮かんだのは、むかし従兄が話してくれたあの「曽祖父が桂小五郎の馬車に乗り込んで勝手に飛び降りた事件」だ。私は急いでそれを買い、近くの喫茶店に飛び込んだ（これは横山詠太郎が書いた『櫻洲』が収められたのとは異なる巻である）。急いでページをめくると、木戸孝允の目次の五十三頁に果たして中井弘という名前が載っているではないか。さらに読み進むと、従兄から聞いたあの「桂小五郎の馬車に乗り込んで勝手に飛び降りた事件」が書かれていた。

まず、出だしはどうなっているかというと、痴遊は次のように始めている。

英吉利《イギリス》の視察《しさつ》を終《をは》つて、佛蘭西《フランス》へ這入《はひ》つて來《き》た。其頃《そのころ》、巴里《パリー》の公使館《こうしくわん》に居《ゐ》たのが、例《れい》の中井弘《なかゐひろし》である。前名《ぜんみやう》を横山休之進《よこやまきうのしん》といふて、維新前後《ゐしんぜんご》には、京阪《けいはん》の地《ち》に於《おい》て、隨分《ずゐぶん》暴《あば》れ廻《まは》つたもので、中井《なかゐ》の名《な》を聞《き》いては、大概《たいがい》な者《もの》は、慄《ふる》へ上《あが》つた位《くらゐ》である。小使錢《こつかひせん》が無《な》くなる、と、夜更《よふ》けて、追剝《おひはぎ》に出掛《でか》けては、幾《いく》らかの金《かね》を、持《も》つて來《き》て、平氣《へいき》で、之《これ》を使《つか》つて居《ゐ》た、といふやうな、隨分《ずゐぶん》、亂暴《らんばう》な事《こと》を、やつた人《ひと》だ。薩藩《さつぱん》の出身《しゆつしん》で、大久保利通《おほくぼとしみち》に次《つ》いでの先輩《せんぱい》ではあるが、あれだけの學問《がくもん》と、膽力《たんりよく》と、見識《けんしき》を、有《も》つて居《ゐ》て、それで、遂《つひ》に大臣《だいじん》になれずに、京都府《きようとふ》の知事《ちじ》で死《し》んだ、といふのだから、實《じつ》に惜《を》しい事《こと》をした。

これには恐れ入った。曾祖父は、薩摩出身の大久保に次ぐ先輩で、名うての暴れん坊、追いはぎもやれば、フランスにも行ったりする。それどころか、もう少しで大臣になれたかもしれないというのだ。しかし、あとになって、著者の伊藤痴遊は講釈師であって、書かれたものは講談まがいのものであることがわかった。とくに、追いはぎの話は、中井本人の創作であることもわかった。痴遊は若き日に中井に何度か会ったことがあり、この話を直接聞いたので、あたかも事実のごとく書いてしまったのである。その経緯がわかったのは、京都の東福寺で行われた中井の没後四十年目の記念法要での痴遊の発言からである。主催者から発言を求められた痴遊改め伊藤仁太郎《にたろう》（当時痴遊はこの名で衆議院議員をしていた）は、若いころ、中井本人から「追いはぎ」の話を聞いたと語っているのだ。前掲の『追憶』のなかに痴遊の発言が載っている。それによると痴遊が二十歳、中井は四十代後半のころの話である。中井の昔話には尾ひれがついて、どんどん膨らんでしまったようだ。

とにかく大隈重信と並んで座談の名手といわれた中井のことだから、飲んだら話が止まらなかったということは想像がつく。座談に長《た》けているということは、創作した話を無理なく挿入する才能をもっているとも言える。若い痴遊はすっかりだまされてしまった。中井も、将来この若者が講釈師になって、まさか自分のことについてあることないことを書いたり話したりするとは夢にも思っていないから、つい、そのあることないことをふんだんに交えて語ってしまったようである。なかでも、「追いはぎ」の話はとくに怪しい。

したがって、この話は中井の創作であったとしても、既述のように、明治初年にイギリス公使パークス襲撃事件ではからずも護衛をしたとき、行列に斬《き》り込んだ攘夷《じょうい》志士の首を掻《か》き切ったという武勇伝があるために、彼を豪傑だと思い込んだ人もかなりいたのである。そのうち、本人もそう信じてしまったのかどうかはわからないが、それを酒の肴《さかな》にして、若い連中を煙に巻いたことは考えられる。

さて、痴遊の全集に戻ろう。いよいよ木戸の馬車事件の場面である。

凡《およ》そ、今日《こんにち》までの役人中《やくにんちう》で、此人程《このひとほど》、奇行《きかう》に富《と》んだ人《ひと》はあるまい、と思《おも》ふ。（略）

或時《あるとき》、木戸《きど》が、麹町《かうぢまち》の通《とほ》りを、馬車《ばしや》で、やつて來《く》ると、後《あと》の方《はう》から、オーイ〳〵と、呼《よ》ぶ者《もの》があるから、馭者《ぎよしや》に言付《いひつ》けて、馬《うま》の歩《あふ》みを緩《ゆる》めさせた。

『一寸《ちよつと》、待《ま》つて呉《く》れ。オイ、桂《かつら》ぢやないか』

と言はれて、木戸《きど》は、馬車《ばしや》の窓《まど》から、首《くび》を出《だ》して、見《み》れば、追掛《おひか》けて來《き》たのは、中井《なかゐ》であつた。昔《むかし》は、桂小五郎《かつらこごらう》といふたが、今《いま》は、木戸孝允《きどかういん》と改《あらた》めたのだから、木戸《きど》と言《い》へば宜《よ》いのに、態々《わざわざ》、桂《かつら》の姓《せい》を呼《よ》ぶのが、中井《なかゐ》の皮肉《ひにく》な所《ところ》で、誰《たれ》でも、是《これ》を厭《いや》がつて、逃《に》げて歩《ある》いたものだ。木戸《きど》は、未《ま》だそれ程《ほど》ではないが、伊藤《いとう》や山縣《やまがた》なぞに會《あ》つても、昔《むかし》の名《な》を言《い》ふて、決《けつ》して今《いま》の名《な》を、言《い》はなかつた。誰《たれ》にしても、出世《しゆつせ》して立派《りつぱ》な身分《みぶん》になつてから、後《のち》に、足輕時代《あしがるじだい》の名《な》なぞを言《い》はれるのは、ぞツとしたものでないから、自然《しぜん》、中井《なかゐ》を避《さ》けるやうになる。


講釈師のゆえか、あるいは資料不足のせいかよくわからないが、痴遊の文章は首尾一貫しているとは言いがたい。一方で、追いはぎをやって奪った金で生活していたと言い、かたや、あれだけの学問と胆力と見識があり大臣になれなかったのは惜しい、などと書いておきながら、今度は、参議木戸孝允を「桂」と呼び捨てにし、揚げ句の果ては、誰もが、中井を避けるようになった、などと言う。

大隈重信のように、中井を奇人と呼んだ友人もいたけれど、実生活における中井は、なかなか礼儀正しいところがあり、それが理由で広範な交友関係を築くことができたと言ってもよいほどである。維新の英傑で、時の参議である木戸孝允を桂などと呼び捨てにするほど非常識なことをする男ではない。さらには、伊藤や山県の場合にしても、若いころ姓は呼び捨てにしたかもしれないが、俊輔とか狂介などという足軽時代の名前を呼んだなどという記録もない。痴遊は、「みな中井を避けた」などと書いているが、これもあり得ない。あるとき五代才助が相談を受け、「それなら中井が良いだろう。かれは顔が広いから」と答えている記述を目にした記憶があるが、みなが避けた人物だとすれば、いつまでたっても顔は広くならないだろう。それどころか、中井ほど多くの元勲たちから好かれた人物も珍しい。これは、私が曽孫《ひ》だから言っているのではない。木戸や大久保の日記、あるいはほかの元勲たちから中井に寄せられた書翰《しょかん》などを丹念に読めば、即座に納得できることである。

中井が木戸や大久保亡きあと最後まで付き合ったのが、誰あろう、その伊藤、井上、山県といった長州出身の元勲たちである。伊藤などは、中井の死後五年目のことだが、五カ月後に第四次伊藤内閣の首班になるという多忙な時間を割いて、丸山公園に建てることになった前述の胸像の碑文を書いてくれたほどだし、井上と山県は明治十六（一八八三）年に行われた娘貞子の結婚式に参列してくれている。中井は彼らに対し礼を失ったことなどない。中井は死ぬまで、薩摩はもちろん長州の元勲とも仲良く付き合った。だからこそ、彼らは中井を大切にしてくれたのである。このことを知らずして中井の生涯をとらえることはできない。しかし痴遊はなおも書き続ける。


呼止《よびと》められたから、馬車《ばしや》を止《と》めて待《ま》つて居《ゐ》る、と、軈《やが》で、中井《なかゐ》は、馬車《ばしや》に乗込《のりこ》んだ。

『ヤアー、好《い》い所《ところ》で會《あ》つた。一寸《ちよつと》、其處《そこ》まで乘《の》せて貰《もら》はう』

『ウム、そりやア宜《よろ》しい。乘《の》つて行《ゆ》きなさい』

暫《しば》く話《はな》し込《こ》んで居《ゐ》る中《うち》に、自分《じぶん》が、馭者《ぎよしや》に代《かは》つて、手綱《たづな》を執《と》りながら、面白《おもしろ》い話《はなし》をするから、木戸《きど》も、其話《そのはなし》に釣込《つりこ》まれてしまふ。馬車《ばしや》は、中井《なかゐ》の家《いへ》の前《まへ》まで來《き》た。

中井《なかゐ》は、ヒラリと飛下《とびお》りて、格子《かうし》を開《あ》けて、家《いへ》へ這入《はひ》つたが、

『ヤアー、大《おほ》きに御苦勞《ごくらう》、失敬《しつけい》する』

と言《い》ひながら、障子《しやうじ》を締《し》めて這入《はひ》つてしまつた。之《これ》には、流石《さすが》の木戸《きど》も呆《あき》れて、随分《ずゐぶん》、癪《しやく》に觸《さは》つた、仕方《しかた》だ、とは思《おも》ふけれども、對手《あひて》が、中井《なかゐ》では仕様《しやう》がないから、

澁々《しぶ〱》、自分《じぶん》の邸《やしき》へ歸《かへ》つて行《い》つたが、木戸《きど》程《ほど》の者《もの》を、自分《じぶん》の家《いへ》へ、態々《わざ〱》、馬車《ばしや》を枉《まげ》て、送《おく》り込《こ》ませる、といふやうな、悪戯《いたづら》を、爲《す》る者《もの》は、多《おほ》く無《な》かつた。

六歳年長の従兄が話してくれたのはこの部分であった。しかし、彼も痴遊の正体を知らなかったに違いない。講釈師見てきたようなナントカというのは本当だ。これを事実だと信じてしまう読者だっているかもしれない（それどころか、ほとんどの人は信じるに違いない）が、そうなると、中井という奴は礼儀しらずで変人だというのが一般的な評価となってしまう。

今では、中井と木戸がどのような付き合いをしていたかは詳しくわかっているので、痴遊が何を書いても受け流すことはできるが、やはりこういう著作に接したときは注意するに越したことはない。ついでながら、『木戸孝允日記』にあたってみると、木戸が中井の話に釣り込まれ、夜を徹して話し込んだという回想はいくつかあるが、木戸が中井のために不快な思いをさせられたという記述は見当たらない。それどころか、後述する第六章は中井が木戸とともにイタリア各地を周遊視察した明治六（一八七三）年の記録だが、これを読めばふたりの親密な付き合いがよくわかるはずである。

私は、その部分を調べているときに、中井にとっても木戸にとっても、ふたりで過ごしているときが最もリラックスできる時間であったのではないかという印象をもった。なぜなら、長州藩出身者にとって、木戸は雲の上の存在に違いなく、常に緊張を強いられたであろうことは容易に理解できるからだ。自分を取り巻く人々が常に緊張しているとすれば、木戸のほうもまたリラックスした状態にはなりにくかったであろう。中井の場合、薩摩出身ということもあるが、おおらかな性格や漢詩人といったバックグラウンドが、木戸の心を落ち着かせたに違いないと思うのである。築地梁山泊でも、おおらかで人の心をつかむ話しぶりから、多くの客人の心をつかんだに違いない。

次はいよいよ大久保の出番である。なにかにつけて木戸と対立し、ふたりの間には常に摩擦が生じていたが、大隈重信も述懐しているように、平然とこの薩長のボス的な存在と付き合った中井は珍しい存在であったようだ。大久保の前へ出るといつも緊張し、話を早く切り上げたいと思ったと述べている薩長人が何人もいるが、中井は自ら大久保の邸へ出向き話をするのを好んだという。

第五章　廃藩置県前夜——大久保利通の懐刀として

慶応四（一八六八）年の正月、鳥羽・伏見の戦いに勝利した新政府軍は、錦の御旗を掲げた有栖川宮《ありすがわのみや》熾仁親王《たるひとしんのう》を東征大総督に、西郷隆盛を参謀とし東海道を一路江戸へ向かったが、途中西の諸藩を傘下に収め、三月には駿府に到着するほどの猛スピードであった。このあと、江戸城に入った政府軍は上野で彰義隊《しょうぎたい》を全滅させ、奥羽越《おううえつ》列藩同盟軍との決戦に挑むことになる。

これに引き換え、諸外国との折衝にあたった新政府は、神戸、堺、京都の三カ所で異人殺傷事件が起きたことにより、大混乱に陥った。

この京都で政府部内のとりまとめに奔走し、新しい国家の創生に骨を折った中心人物は岩倉具視と大久保利通のふたりであったが、前に記した外国事務局の御用掛《ごようがかり》もよく働き、徐々に大久保の信頼を得てゆくことになる。

『大久保利通日記』に初めて中井の名前が現れるのは、先に述べたパークスが襲撃された当日の記述であるが、慶応四年五月のアーネスト・サトウの日記を見ると、キリスト教の問題が日英の間で協議されている。キリスト教の禁制そのものを撤廃するかどうかで、パークスが強硬な意見をもっていた件である。中井はたとえパークスが新政府の高官を説得しようとしても、誰にも決定権はないので、期待はしないほうがよいという意見をサトウに伝えた。サトウも中井と同じ意見であったので意を強くする。

残念ながら、キリスト教の禁制や布教活動の解禁がこのあとどのように変化したかは、このサトウの日記以外に事実を見つけることができず、ここではサトウの日記を引用するにとどまるが、いずれにしてもイギリス側に貴重なアドバイスを与えた中井の存在が目立つようになり、六月の大久保の日記からは頻繁に顔を出しはじめる。

品川沖に停泊していた幕府軍艦「開陽」が七月下旬に抜錨《ばつびょう》し、東北地方へ向かった情報を大久保は八月二十日に東京でつかむ。この件を三条実美《さんじょうさねとみ》と話し合ったのち、「直ニ中井、山口ニ參ル夜半歸ル」と記述しており、日記を見る限りほかの人間と相談した形跡がない。つまり、榎本武揚率いる幕府艦隊がついに動きはじめたという官軍にとって一大脅威となる行動を、まず中井と山口尚芳（範蔵）に知らせ、今後の対策を練ったことがわかる。

それから三日後に、大久保はサトウ、小松帯刀、中井と夕食の席を囲んでいる。こういった食事会はパークス襲撃事件のあと、三月ごろから数回サトウが日記に書いているが、その日記で見る限り大久保が参加したのは、このときが初めてのようだ。四月五日には大久保の代わりに木戸孝允が参加している。また薩摩藩の若き家老であり、維新前から龍馬や五代に好意的であった小松帯刀が大久保よりも早く中井と同席しているところをみると、このふたり、以前からかなり親密な付き合いをしていたと考えてよさそうである。薩摩藩士で家老職の小松帯刀と同席できる人物は多くない。とくに長州の大立者である木戸孝允やフランス領事とともに酒席を囲むということになれば、尋常のことではない。大久保あるいはサトウの日記に登場する中井は、少なくとも長州系あるいは土佐や佐賀系列の御用掛とは明らかに異なる扱いを受けている。

大久保同様、木戸も中井に対しては大きな信頼を寄せていたようである。その最大の理由は、なんといっても中井のユニークな人間性と情報量の多さにあったようだ。ふたりが知り合うきっかけは、中井がパークス襲撃事件で手柄を立てたことかもしれないが、ひょっとすると龍馬を介して慶応年間（一八六五～六八年）から顔見知りだったのかもしれない。

中井はまた、座談の名手という形容がなされる男であるから、聞き手が思わず話に釣り込まれるといったこともあったに違いない。木戸は十一月六日の日記（『木戸孝允日記』〈第二〉）のなかで「中井之談尤奇也」と書いているが、これは、内容ばかりでなく、話し方のうまさもあったのだろう。また、アーネスト・サトウの明治四（一八七一）年十一月五日の日記（『遠い崖』〈8〉）に、「夜は中井弘蔵（弘、大議生、薩摩）、野津将軍（鎮雄《しずお》陸軍大佐か、薩摩）と夕食にゆく。中井の話はじつにおもしろかった」という記述があり、日本人だけでなく、イギリス人までもが中井の話に引き入れられてしまったことがわかる。

大久保もまた明治十一（一八七八）年四月九日付の中井あての書翰《しょかん》（『大久保利通文書』〈第九〉）のなかで、「一昨日帰京久々振珍聞奇談承りたく候に付きお差支へこれなく候はばご御入来お待ち申し上げ候」と書いている。前掲の佐佐木高行の日記などには、「すこぶる面白き人なり。薩藩人には珍しき通人のように見受けたり」と書いたあと、別の日には「中井は滑稽家にて、当時、彼のことを称して中井談と云う」などと付記している。

これらが意味することは言うまでもなく、みなが中井から、ほかでは聞けないような面白い話を聞くことを期待しているということだが、これは講談まがいの話の裏に、何か人を惹《ひ》きつけてやまない風流人の趣《おもむき》が漂っていたことを意味している。情報量の多さも、こうした中井の通人ぶりに多くの人が惹かれて集まってきたことと無関係ではない。加えて立場を超えて人と付き合う幅の広さをもっていた。

ところで、こういったさまざまな人間関係のなかを悠々と渡り歩き、重要な仕事を次々にこなして、いまや人気者となった感がある中井が、突然、外国官判事の職を辞して、鹿児島へ帰藩する。これが横山家再興のためであると私はにらんでいたが、さらにもうひとつの目的があったのではないかと思いはじめた。

このころの中井と大久保の事情を知るのに役立つ一通の重要書翰が『大久保利通文書』〈第三〉のなかにある。それは、明治二（一八六九）年正月十九日付の岩倉具視あてのもので、自らの鹿児島帰国を内請しているが、その理由は戊辰《ぼしん》戦争から帰った軍人たちをなだめることである。大久保は追伸において、伊達宗城を通じて進退伺いを出している中井にも早く帰郷の許可を頂きたいと岩倉に頼んでいる。

ところがアーネスト・サトウは日記に、「知事（烏丸光徳《からすまみつえ》）が中井など、東京府の役人を信用せず、二、三のつまらぬ商人の苦情を取り上げて、中井などが決めたことをひっくりかえすので、中井は辞表を出したという。」と書いている。これはしかし、真実を覆い隠すためのカモフラージュかもしれない。というのは、大久保が岩倉に手紙を出した五日後に中井は徴士《ちょうし》外国官判事に取り立てられて、帰藩を取りやめているからだ。このあたりを熟考すると、何か不自然である。

しかし、大久保がひそかに岩倉に要請していた件はまだ生きていて、辞表は七月に受理されるのである。そしてそれまでの間、中井は頻繁に大久保、木戸そしてサトウとも会談を重ねている。当時、岩倉をはじめ木戸も大久保も廃藩置県を実現させるために西郷担ぎ出しを計画し、全精力をそこに傾けていたから、中井もその相談にあずかっていたことは容易に想像がつく。

ここで考えられることは、中井は、果たしてどうしたら西郷の上京が可能になるか、鹿児島へ帰郷し、その広い人脈を駆使して方々に働きかけて情報を探るように、大久保から特殊な任務を授かったのではないか、ということである。

大久保も木戸も同様で、これからの日本を中央集権国家にして、旧藩主を新政府の方針に従わせるには、まず雄藩から兵を集めて中央に駐屯させ、その威力を示すべきだと考えていた。そして、版（土地）籍（人民）を奉還させ、諸藩主を各知藩事に任命したものの、これだけでは実質的に藩は依然として存在し続けることになり、中央集権国家実現の道のりは遠かった。政府を強力な一枚岩にするには、結局薩摩《さつま》と長州がもう一度協力するしかないと大久保は主張し、まず薩摩から兵を出させ、西郷隆盛にリーダーシップをとってもらうしかないと考えていた。

大久保は、明治三（一八七〇）年になって西郷説得に動きだす。正月十九日に鹿児島へ着くと同時に本丸と二の丸に参殿する。その翌日の日記である。

今夕郡山老中井入來

ここに、鹿児島に戻っていた中井を足早に訪問する大久保がいる。二十二日は、伊地知正治と相談をし、本田親雄とも会っている。このふたりは、大久保の親しい友人であり、かつ貴重な情報源である。伊地知は後年明治政府で参議にもなる名だたる軍略家だが、中井とは左院時代に机を並べたこともあり、生涯親しく付き合った十歳年長の友であった。また本田親雄は、何度も言うが、中井の親族で、幕末に京都留守居役を務め、寺田屋騒動に関連した著書には必ずと言ってよいほど顔を出す人物である。戊辰戦争で軍功を立てた元勲《げんくん》のひとり、旧名本田彌《や》右《え》衛門《もん》のことである。大久保の日記は続く。二十五日は、「大山帖佐中井等相携參り候」と記されており、二十九日は「野津《（鎮雄）》中村《（利秋）》高島《（鞆之助）》貴島《（國彦）》黒田《（清綱）》ノ諸士一會（略）今夕得能子中井士入來」となっている。二月になると、都合十一日間も中井が大久保を訪れている。

結局、大久保は三月十二日に帰京するが、八月になると今度は中井が上京し、九月十九日まで計八日間大久保に会っている。これはいったい何を意味しているのだろうか。この東京での二カ月間、大久保を訪れる中井には西郷従道、伊藤博文、吉井友実《ともざね》（幸輔）、鮫島尚信ら、薩摩あるいは以前の外国事務局の旧友が同道している。

ここで、『木戸孝允日記』〈第一〉を参照してみよう。木戸は、大久保より約三カ月半遅れて、五月二日鹿児島に至り、四日に西郷隆盛と大山格之助《かくのすけ》と雑談をする。そして翌五日の記載である。

風雨八字過西郷を訪ふ十二字前まで相談歸途中井弘藏を訪ふ暫相語弘藏昨夜來て談話至鷄鳴今夜亦同（略）

要するに木戸がはるばる鹿児島へやってきたその翌々日、最初に西郷に会い、次に中井と会っているのである。しかも一日目は中井がやってきて夜を徹して話し、二日目の今日は木戸のほうから中井を訪れて、またも朝まで話し込んだというのである。これは中井がよっぽど特殊な任務を与えられていて、なんらかの有益な情報を木戸に与えたからに違いない。このころ、木戸孝允はすでに明治政府において別格の重要人物である。その木戸が二日も夜を徹して語り合ったというだけでも、中井が帯びた任務の重要性は理解できる。中井は、西郷隆盛の東上の可能性について情報を得ようと、鹿児島でじっと息を潜めていた感じがする。

ＮＨＫは、平成十八（二〇〇六）年三月一日、「その時歴史が動いた」で「さらば殿様」と題して「廃藩置県」を取り上げた。番組はまず「版籍奉還」から始まる。

政府は多くの困難を乗り越えて、薩長土肥四藩の藩主に版籍を奉還させることに成功する。それは上表文に差し込まれた一文書のなかの「与えるべきはこれを与える」という文言を、四藩の藩主たちが「所領を与える側が徳川幕府から天皇に代わっただけで、旧藩主の領有権は守られる」と受け取ったからである。有力藩のこうした動きを見て、およそ二百六十の藩が雪崩《なだれ》を打って版籍奉還の上表を提出した。各藩では下級武士が中心となって戦った戊辰戦争以後、藩主たちの威信は低下していた。幕府であろうが、朝廷であろうが、藩主の身分と領有権を保障してもらえるなら、と藩主自らが版籍奉還を願い出たのである。

明治二（一八六九）年六月十七日、版籍奉還は勅許《ちょっきょ》を得て、旧藩主が府や県の知藩事を務めることになった。大久保の主張が通ったのである。木戸も薩摩藩の事情を考慮せざるを得なかった。しかし、木戸は断じて世襲は許されないという点では妥協しなかった。これで、すんなり制度として定着するかにみえたが、実際は租税の徴収権や軍事統率権も相変わらず藩が握り続けており、国家の財政は苦しいままであった。大蔵省は直轄地である府県の徴税を強化しはじめたため、折からの凶作が重なり各地で暴動が起こった。

藩を廃し県を置くという廃藩置県を漠然と政府が考えはじめたころ、これに先んずるように意外なところから廃藩論が沸き起こってきた。それは廃される側の藩自身からであった。諸藩は戊辰戦争の戦費調達のために借金を重ねた結果、その額は収入の三倍を超えるようになっていた。こうしたなか、悪化した財政を自ら立て直そうとした知藩事も現れた。

鳥取藩の藩主池田慶徳《いけだよしのり》
徳島藩の蜂須賀茂韶《はちすかもちあき》
尾張藩の徳川慶勝《よしかつ》
熊本藩の細川護久《ほそかわもりひさ》

この知藩事たちは、藩政改革が困難を極めるなか、財政の健全化のためには国家による一方的な改革を進めるよりほかに方法はないと判断、そのため自ら藩を廃することを新政府に申し出た。

しかし、渡りに船のはずの新政府であるが、いまだに動けずにいた。その理由は、薩摩と長州の二大雄藩が廃藩に反対していたからにほかならなかった。

（ここからが本書で既述の大久保や木戸の日記にあるふたりの鹿児島行である。そして中井が大久保の命を受けて情報収集に精を出していたと思われるころである）

苦心の甲斐あって、ついに明治四（一八七一）年、西郷が重い腰を上げ、薩摩、長州、土佐の三藩から成る御親兵を創設、およそ八千名からの兵を率いて上京する。しかし、この年の春になって政府の屋台骨を揺るがす事件が起きる。それは、有力諸藩が連携する動きを見せたことである。板垣退助を中心とする六つの藩の大参事が議会をつくることを主張し、薩長を牽制《けんせい》しはじめたのである。岩倉具視までがこれを歓迎したのを知った西郷隆盛はこう言い放つ。

「版籍奉還をリードしてきた雄藩が一向にその実績を上げないということでは、天下のもの笑いになる」

薩長の出身者たちは焦った。そして、豪雨となった七月九日、九段下の木戸邸に集まった、西郷隆盛、大久保利通、井上馨、山県有朋、大山巌、西郷従道、そして木戸孝允のわずか七名で廃藩の密議が行われた。藩主たちを上京させることなく、電撃的発令が必要であるとの結論に達したのである。それでも、最後に西郷が言った次のひと言がなければ事態はどう推移したかわからない。

それは、「もし、暴動が起きれば拙者《せつしや》が引き受け申す。私情においては忍びがたいが、しかし廃藩は天下の趨勢《すうせい》である」というものであった。大久保も観念し、「このまま何もしないで政府が瓦解《がかい》するよりは、思い切って廃藩を断行して瓦解したほうがよい」と述べた。

ここで、「歴史が動いた」。

明治四（一八七一）年七月十四日午後二時、皇居大広間に東京在住の知藩事五十六名が突然召集され、明治天皇ご臨席のもと、廃藩置県を告げる詔《みことのり》が発せられた。これにより、二百六十一の藩は三府七十二県に編成し直され、中央政府が新たに任命した新知事が送り込まれた。ここに二百七十年続いた藩という制度が終わりを告げたのである。

薩長主導で行われた電光石火の廃藩置県、しかし意外なことに騒動はほとんど起こらなかった。多くの元藩主たちは、強い国造りのためには廃藩が必要であることをすでに理解していたのである。

ここで中央大学の松尾教授の締め括《くく》りがあり、近代国家へ生まれ変わるために廃藩置県がもたらした中央集権による改革の意義が述べられる。地租改正、徴兵令の公布、学制改革、さらには旧藩主たちが私財を投じて設立し、日本の鉄道建設の礎《いしずえ》となった日本鉄道会社についての解説が入る。

こうして新国家建設の礎を築こうと全力を傾けて数々の困難と戦ってきた木戸と大久保であったが、廃藩置県は西郷の決断によって一気に実現したのである。そしてその西郷担ぎ出しの方策を練るべく、大久保の命を受けて鹿児島に帰藩し、情報を送り続けたであろう中井の働きは、今のところ、大久保と木戸の日記を読まない限り知ることはできない。

つまり、中井は、ここでもできるだけ表へ出ないようにしており、黒子役に徹している。表向きとは異なった、こうした誠実な仕事ぶりのせいで、中井は大久保からも木戸からも大きな信頼を得たことは確かである。

ここで、せっかく外国官判事という高官にまで上り詰めながら、なぜすべての職を辞して郷里へ帰ろうとしたのか。その本当の理由が明らかになった。それは単に横山家再興のためだけではなく、廃藩置県の重要性を認識し、大久保と木戸の要請を受け入れたためであった。

これは私の立てた推論であるが、横山家再興のため帰藩を企てていた中井の行動を察知した大久保がそのタイミングをとらえ、中井に情報の提供を頼み込んだのではないだろうか。この横山家再興と、同時期に起こった西郷担ぎ出しの動きの双方を知られないために、中井がいろいろと仕組んだ話を真に受けた大隈や横山詠太郎、あるいは片岡直温たちは、さまざまに帰藩の理由を書き残したが、真相を知っていたのは岩倉、木戸、大久保と数名の薩長出身者だけであり、この話は誰もが明らかにしないまま、幕末維新史の記録から消し去られた可能性もないとは言えない。

中井のこうした黒子的な活躍はさらに続く。

廃藩置県が発令されたこの年、明治四（一八七一）年、政府は岩倉具視を特命全権大使とする大使節団をアメリカ・ヨーロッパへ派遣するが、中井はまたも密命を受けて、その使節団を追うのである。

影のごとく、ヨーロッパ各地に出没するこのときの中井の行動を見れば、彼が維新以来、問題に突き当たって苦悩する政府を救おうと、たびたび重要なミッションを引き受け、真剣に努力したことがわかる。

第六章　岩倉使節団に合流——木戸孝允とイタリア各地を視察

私事になるが、本書の執筆中に行った取材旅行は広範囲にわたり、鹿児島、長崎、佐賀、広島、宇和島、京都、大阪、盛岡、函館へ足を運んだ。これには中井だけでなく、原敬関係の取材も含まれている。

国内のみならず、ヨーロッパにも飛んで、ロンドン、サウサンプトン、アバデーン、パリ、ローマ、ミラノ、ベネツィア、フィレンツェ、ポンペイ、ナポリ、マドリード、リスボン、アムステルダム、ライデン、アントワープなどを訪れた。

幕末維新史に詳しい読者は、これらの地名がどんな出来事に結びつくかおわかりだと思う。岩倉使節団のヨーロッパルートおよび長州・薩摩《さつま》藩留学生たちの訪問地である。岩倉使節団は明治四（一八七一）年から六年にかけて視察のため欧米をまわった。それぞれの場所については、本書の各章に分散して記載されているものもあれば、とくに説明をほどこしていないところもある。

ともあれ、百数十年の昔の彼らの足跡をたどったこの取材旅行のなかでも、印象深かったのはイタリアであった。

秋の深まりのなかで見る史跡や建造物は、岩倉使節団一行が見たものとまったく同じであることがわかり、新鮮な驚きであった。このことは、『特命全権大使　米欧回覧実記』〈四〉（久米邦武編）に収められた銅版画を見てわかったことだが、それらは、今の旅行者がデジタルカメラで撮りまくる写真とほとんど同じであった。

古代の遺跡は悠久の歴史のなかにたたずんでいた。たとえば、コロッセウムなどは日本でいえば弥生時代にあたる紀元八〇年に完成している。ということは、今から約二千年前のことであり、百数十年前にそれを見た岩倉具視一行にしてもやはり約二千年前のことなのだ。

以前、『岩倉使節団のパリ』（富田仁）のなかに、木戸孝允が使節団の中心人物たちと行動をともにせず、自分の親しい友人たちと別行動をとっていたとする記述を発見した。その後、実際に前掲の『木戸孝允日記』にあたってみて、なかでも中井と木戸の付き合いが思った以上に深いものであり、木戸は中井に大きな信頼を寄せていることがわかった。私は、改めてこのふたりの友情に興味を抱いた。

明治六（一八七三）年四月二十九日午前十時過ぎ、オーストリアの首都ウィーンの停車場に数人の日本人が降り立った。そのなかに、ひときわ身なりの立派な長身の紳士がいた。岩倉使節団の副使木戸孝允、言うまでもなく幕末に桂小五郎の名前で活躍した維新の三傑《さんけつ》のひとりである。

明治の人名事典のなかに、中井が岩倉使節団の一員として米欧を視察したと記されたものがある。外務省の記録にも、同年一月に視察のためとしてアメリカ出張を命じられている。しかし、前掲の『米欧回覧実記』のどこを見ても中井の名前は出てこないし、この研究においては第一人者の田中彰氏の諸著作を読んでも同様である。

それでも、この世界史上類を見ない大使節団には、途中から参加した団員も数多くいたのはよく知られているから、中井も不規則なかたちで参加したのではないかと思っていたら、果たしてそのとおりであった。この日ウィーンの駅に降り立った木戸を出迎えているのだ。

外務省の記録とは、「中井弘　明治六年一月十二日　為視察米国江被差遣」「同年十二月帰朝」というものだが、これでは、丸一年アメリカにいたかのようである。しかし、実際は、この年、アメリカは後回しにして、西回りでイギリスに渡り、四月初旬にパリのサン・ジェルマンで行われた「大久保利通を囲む鹿児島県人会」に出席したあと、ウィーンに現れるのである。

木戸は、この日の日記に、「晴十字過墺國都府ウインナ（筆者注・ウィーン）へ着す岡本大藏大丞小松書記中井中議官等ステーションに來り迎ふ」と書いているが、日本における中井の正式な身分は政府の左院四等議官である。木戸孝允が力を注いで創設した三院制といわれているが、なかでも彼が期待した左院において、中井はまあまあの地位にいたことになる。しかし、ここウィーンでの中井の肩書は、左院の議官ではなく、（中井の前に名前が挙がっている）小松二等書記官の随行員なのである。小松二等書記官とは、「岩倉使節団」内における肩書で、本来は外務省出仕の二十五歳の若者である。

『伊藤博文伝』によれば、イタリア滞在中、伊藤が木戸あてに出した手紙があり、そこに次の記述がある。

昨夜御發軔にて、ネープルへ御越被成候由、御健剛の御様子、中井氏（外務書記官小松濟治の随行員中井弘）より承知仕、倘其節同氏へ御託被成置候御一封落掌、難有奉拝讀候。

昨夜ナポリへお越しとのこと。お元気のご様子中井氏（外務書記官小松済治の随行員中井弘）より聞きました。なお、そのときに同氏へお預けいただいた書翰《しょかん》一封を受け取り、有り難く拝読いたしました。

というものだ。カッコ内の外務書記官以下の説明は伊藤から木戸への書翰原文（『木戸孝允関係文書』木戸孝允関係文書研究会編）には記されていない。それは当然で、木戸にとっても伊藤にとっても中井は旧知の間柄であり、中井氏だけで通じるからである。それでは、なぜ『伊藤博文伝』の文中では小松書記官の随行員にされてしまったのだろうか。

この小松青年、実は、明治四（一八七一）年に中井が鹿児島から東京へ戻り、山県有朋が管轄していた兵部《ひょうぶ》省にいたころ、中井の部下であった。しかし、中井は本来、左院四等議官という肩書をもっているにもかかわらず小松の部下となっている。なぜ、政府はこんな込み入ったことをしたのだろうか。

中井は、ウィーンで木戸を出迎える直前パリにいて、大久保利通を囲んで薩摩《さつま》の旧友たちと鹿児島県人会を兼ねた大久保の送別会に参加していた。場所はサン・ジェルマン・デ・プレである。木戸も大久保も岩倉使節団の副使だった。そのときの集合写真が現在東京の中央区京橋にある警察博物館に展示されている。警察が関係している理由は、その一団のなかに日本の警察制度を完成させた大警視川路《かわじ》利良《としよし》が写っているためである。中井は、村《む》田《ら》新八《しんぱち》、川村《かわむら》純義《すみよし》、大山　巖、高崎正風たちと大久保を囲んで写っている。村田新八は中井より二歳年長で西郷隆盛と生死をともにし、西南戦争で最後まで官軍と戦い、城山で西郷とともに戦死した、岩倉使節団に加わるまで西郷の推挙により宮内大丞《じょう》を務めていた薩摩隼人《はやと》である。このパリにおける大久保の送別会のあと、七年間フランスで過ごした変わり種であった。精忠組のひとりであった。川村純義は村田と同じ年であり、名を上げたのは戊辰《ぼしん》戦争の会津攻撃のときである。明治政府では第二代海軍卿《きょう》（大臣）を務めた海軍中将で、西南戦争で西郷隆盛と戦うことになったが、海軍を率い物資輸送などで手柄を立てた。死後、海軍大将に昇進した高潔な人物であった。

最後に名前の挙がった高崎正風（佐太郎）について説明しておきたい。この男、薩摩藩史において無視できない存在だからである。文久年間（一八六一～六四年）から討幕論者として京都で急進的な活動に加わり、当時の薩摩藩では中心的な立場にいた人物で、中井同様、宇和島藩との付き合いが古く、幕末の各所に顔を出す。元来は歌人であり、維新後は宮中で初代の御歌所所長を務めた人物である。

幕末、京都において朝廷と藩の間を取り持ち、さまざまな周旋に忙しかったが、寺田屋騒動の直前、有馬新七や橋口伝蔵《はしぐちでんぞう》ら薩摩藩士の動きを変事として京都藩邸に伝えた人物として幕末維新史に顔を出す。父親は、藩主島津家の跡継ぎにからむいわゆる「高崎崩れ」(お由羅騒動)の責任をとって切腹した高崎五郎右衛門《ごろうえもん》である。

パリにいたこのときの高崎は予定されていた岩倉使節団参加をとりやめ、左院の一員としての視察目的でパリに宿泊していた。二年前の明治四(一八七一)年に左院の少議官を拝命し、翌年からその任に就いていたが、このとき中井は前述のごとく同じ左院の四等議官である。この左院のメンバーは中井にとっての旧友ばかりで占められている。その顔ぶれを見ると、副議長が伊地知正治であり、中井と同じ四等議官に海江田信義と本田親雄がいる。中井を除くとみな薩摩の精忠組の面々である。やはり、中井と精忠組の関係は浅いものではなかったことがわかる。海江田は桜田門外で井伊直弼《いいなおすけ》を討ち取った有村次左衛門の長兄、有村俊斎《しゅんさい》のほうが通りがよいかもしれない。薩摩示現流とは一線を画す殺人剣法薬丸自顕流《やくまるじげん》の使い手である。

いずれにしても、使節団とは別行動をとっていながらヨーロッパの主要な場所で離合集散していたこの高崎や川村、大山、川路らは後年、明治政府の中心的な官僚や軍人となるわけで、彼らにとってこのヨーロッパ視察が重要な意味をもっていたのは確かである。

県人会とはいっても、実際は大久保の送別会であったから、たまたまヨーロッパにいた連中が集まったわけであるが、数年前まで鎖国状態であったことを考えると隔世の感がある。廃藩置県が断行されたその年にこの視察団が旅立ったことを思うと、当時の政府関係者の企画力と決断の速さに驚く。新政府が西欧の政治制度や法律、あるいは科学技術に関する知識を必死で取り込もうとしていたことがわかる。

中井はウィーンで木戸と合流したあと、ベネツィア、ローマ、ポンペイなどイタリア各地を視察する。ベネツィアでは、文書館への訪問が印象的であったらしい。ここには全部で百三十万冊に及ぶ文書や法典が保存されており、なかでも、伊東マンショ、千々石《ちぢわ》ミゲル、原マルチノ、中浦ジュリアンといった四人の天正少年使節団に関する記録があったからである。この少年使節団は二百七十年も前にヨーロッパを旅したわが国初の使節団であっただけでなく、使節全員が十三歳から十四歳といった少年であり、中井や木戸が経験したよりもっと時間のかかる船旅を続けてたどり着いたことを、ここで改めて知った。

ローマでは、今も昔も変わらず、旅行者にとって、やはりコロッセウムが最も印象に残る建造物らしいが、中井と木戸にとって興味深かったのは、地下を走るのではなく空に架かる水路（水道橋）であった。

まだ日本には、地下はもちろんどんな形態であろうと、水道そのものがなかったのであるから、レンガで構築された水路を利用して、水源から各地に水を供給する施設がローマ時代に造られていたことを知ったふたりは、驚いたと同時に、これは将来日本でも利用できるかもしれないと思ったに違いない。なにしろこの水道橋は古代ローマ時代から今に至るまで、実に二千年もの間使われ続けているのである。

中井にとって、このときの経験が、後年、滋賀県知事となって琵琶湖の水を京都へ引く大工事（琵琶湖疎水）を監督するときに大いに役立つのである。

ところで、木戸は、五月八日は午前四時まで、九日は同二時まで中井と話し込んだと日記に記す。そして十日、木戸は中井と別れてナポリへ向かうが、別れ際に、明日ローマ入りをする使節団の伊藤博文へ渡してほしいと一通の書翰を中井に託した。それが前述した『伊藤博文伝』からの引用部分である。

中井と木戸は、一度別れたあとにパリで再会するのだが、木戸の日記を見ると中井と木戸の付き合いは、長州閥の取り巻きを凌《しの》ぐほどに親密である。たとえば、マルセイユから日本へ向けて帰国する前日に、木戸は幕末から当時に至る過去を振り返り、万感の思いを込めて長歌を作り、これを中井に贈っている。この漢詩は、日記だけでなく木戸の伝記などにも収められているので知る人も多いはずである。木戸の周囲には、長州の親しい友人が常にいるが、中井は彼らとはひと味違った感じで接している。

イタリア旅行を終えたあとパリで再会する中井と木戸について、前掲『岩倉使節団のパリ』のなかで、「木戸孝允が再びパリに到着したのは二十九日午前十一時のことで、ただちに中井弘も泊まっているオテル・ド・ジブラルタルに暫時の宿泊先を定めた」とあり、次のように木戸の日記を引用している。

「同廿九日　曇六時過仏地シューモンに小憩す此処に二人別荷物等を改めり十一字巴里に達しホテルジブラルタルに至る河内宗一来訪中井弘も同宿なり（略）」

著者の富田は、このホテルジブラルタル（オテル・ド・ジブラルタル）がオテル・デ・

テュイルリーと名を変えて今もパリにあることを突き止めた。なにしろ、中井が当時どこにいたのかを正確に示す資料は何もなかったから、これは私にとって貴重な情報だった。ちょうどこのころ娘がパリで働いていたので、早速連絡してこのホテルを探してもらった。三ツ星ながら、なかなか瀟《しょう》洒《しゃ》なホテルである。

オテル・デ・テュイルリー

パリで会ったふたりは、六月初旬には、このホテルの界隈を散歩していることが木戸の日記から明らかであるが、あまり遠くまで出かけたという記述はない。ふたりそろって、モンパルナスやモンマルトルも見物したのかどうかは不明だが、少なくとも木戸の日記からわかることは、連日友人たちと深夜まで話し込んでいることである。

中井最後の海外渡航の見聞録である『漫遊記程』の附録のなかで、彼はチュイルリー宮、ルーブル宮殿、コンコルド広場とオベリスク、そして凱旋門《がいせんもん》などを挙げて驚異の大都市パリの喧騒《けんそう》を描写している。

最大のカルチャーショックだったのは、両側に並ぶ花壇や噴水、石造りの高層建築やガラス張りのウインドーをしつらえ、数千の椅子《いす》を並べて市民や旅行者が憩うことができるシャンゼリゼ大通りの景観であった。こればかりは、空間の広さや美しさだけでなく、人々の生活を重視した文化と、そこから生まれる精神性そのものの違いを肌で感じざるを得なかったからである。

文明の利器など何もない日本からやってきた木戸や大久保は、さぞ驚いたことだろう。これが西欧文明か。戦争も攘夷《じょうい》もあったもんじゃない、とんでもない話だ。こう思ったに違いない。政治制度や法律、あるいは軍制の遅れを取り戻そうと躍起になっていた使節団員であったが、それとほぼ同じ程度、いやそれ以上に彼らを焦らせたのは、精神の豊かさを育む科学産業や機械文明の進歩だったのである。このことをとくに痛感したのは、伊藤博文であった。伊藤は、すでにかたちだけは明治三（一八七〇）年に設立されていたインフラストラクチャー整備のための工部省を充実させようと、帰国早々、工部卿として三年以上も精力をつぎ込んだが、それはこのときの印象が大きく彼を動かしたからに違いない。

さて、ここで先ほどの問いに戻ろう。なぜ中井はウィーンで肩書を変えて木戸を待ち受けていたのだろうか。これは明治期に入ってからの中井の行動のなかで、最もミステリアスなもののひとつである。

アメリカ視察の命令を受けながら（外務省記録）、まずヨーロッパに現れたこと、身分をカモフラージュしてウィーンに現れたこと、約一カ月も使節団と離れて木戸とイタリアをまわったこと、すべてが普通ではない。そして、最後には単独の世界一周である（実際には数人の同行者がいたようだが、誰かはっきりしないので一応単独としておく）。いったい何があったのだろう。

手がかりとなるのは前掲の『伊藤博文伝』である。秘密の鍵を握るのは、このころ沸騰していた征韓論《せいかんろん》問題と国内の留守組の動向である。つまり岩倉一行がアメリカからヨーロッパに渡るころ、留守を預かる三条実美は、征韓論を唱える西郷隆盛たちの圧力に屈する寸前であったから、もうこれ以上木戸や大久保の帰国を待てなかった。大久保との関係がこじれて早期帰国に応じない木戸を説得し、穏やかに事態解決を図ろうとした留守組たちにとって真っ先に浮かんだのは、この際適切な人物をヨーロッパへ派遣し、なんらかの理由で気分を害したらしい木戸をなだめることであった。

また伊藤博文本人が語っていることだが、この木戸や大久保の早期帰国に関して、伊藤博文たち若い者が時期を決めていたと誤解した木戸が立腹していたのは事実である。そこで、木戸とは昔から気の合う仲であった中井を急遽《きゅうきょ》派遣することになったのではないか。もちろん、木戸は中井が現れる以前に帰国の腹を決めていたようだが、あくまでも大久保との同行を拒んだことははっきりしており、留守組には、放っておけばどうなるかわからない、という心配があったに違いない。

このあたりの経過を整理すると、明治六（一八七三）年一月に、岩倉使節団を急ぎ追うように命じられた中井は、木戸の早期帰国を喜ばない征韓論賛成派に知られず、いかにして木戸と会うかという方策を検討したように思われる。その結果、出張命令書とは異なって、使節団のあとを追うルートはとらずに、逆回りでヨーロッパへ入り、まずパリで素知らぬ顔で大久保の送別会に参加したあと、ウィーンで木戸を出迎えるという込み入った経路をとったのではないか。繰り返すが、中井の身分は本来左院四等議官であるが、出張命令が出る直前に渡された表向きの肩書は、岩倉使節団の小松二等書記官の随行員である。

ここで、身分をこのようにカモフラージュした理由についてだが、これも征韓論賛成派の目をくらますためのもので、左院の議官のままではそれら征韓党の人たちに木戸説得を知られてしまう恐れがあったために、使節団の一員として急遽増員したかたちをとったのではないか。木戸をなだめたあと、逆回りでアメリカへ渡った中井は、ニューヨークやナイアガラ瀑布《ばくふ》などを見学したあと、大陸横断列車でサンフランシスコへ出て、太平洋を越えて帰国する。中井は結局、使節団一行同様、明治になってまだ間もないころに世界一周をしたのである。

　では、何の目的で中井は世界一周したのだろうか。これは、ひょっとすると、目的など何もなく、単純に岩倉使節団と同じ国々を訪問したという記録を残すためだったのではないか。その結果、いくつかの人名事典にあるように、「岩倉使節団に参加」という一項が中井の経歴のなかに収められてしまったのではないだろうか。

　もうひとつ考えられることは、政府の留守組が、木戸説得という大任を負わす代わりに、褒美《ほうび》として、視察を兼ねたアメリカ周遊を提案したということである。木戸を怒らせずに早期に帰国させることは、当時の政府にとっては金に代えられない大仕事であったことは間違いない。

　留守組には築地梁山泊《りょうざんぱく》の仲間である井上 馨や大隈重信が控えていたことを思うと、こんなことはわけなくできたような気もするが、これについては推測の域を出ない。

左院の議長と副議長である後藤象二郎と伊地知正治は征韓論支持派であるが、彼らとしても、木戸や大久保を抜きにしてこの大問題を決するのは正当ではないと思って、この策を支持した可能性もある。というのは、後藤と伊地知が連名で、木戸と別れてから一度英国公使館に戻っていた中井あてに出した明治六（一八七三）年三月五日付書翰（船便のため日時のずれが大きい）の原本が京都国立博物館に保管されており、まったく無関係な要件が書かれているからである。

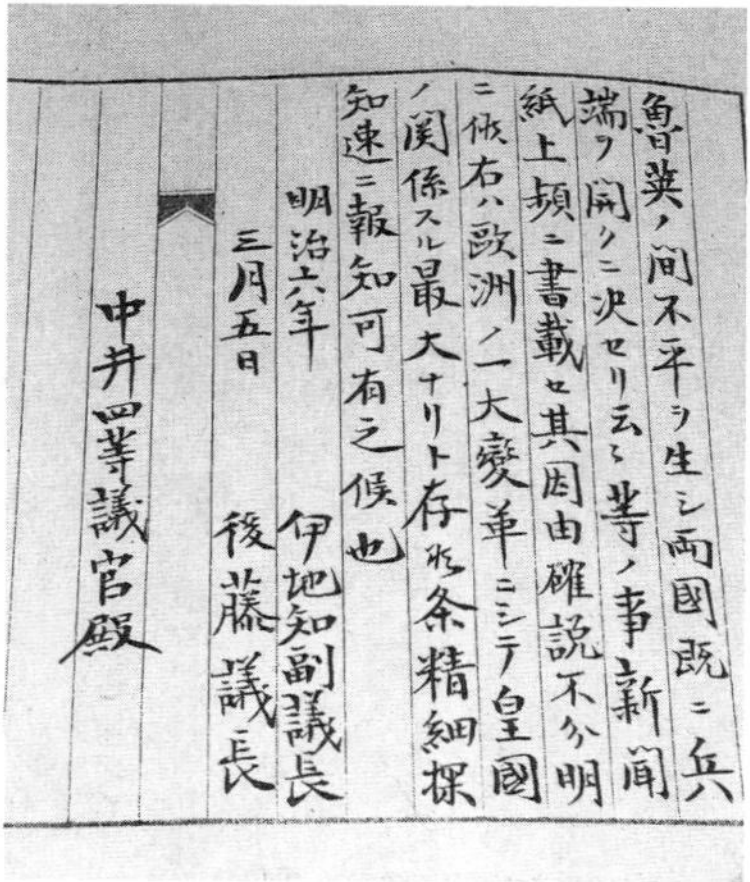

魯英ノ間不平ヲ生シ両國既ニ兵
端ヲ開クニ決セリ云々等ノ事新聞
紙上頻ニ書載セ其因由確説不分明
ニ依右ハ欧洲ノ一大變革ニシテ皇國
ノ関係スル最大ナリト存ル条精細探
知速ニ報知可有之候也
明治六年　伊地知副議長
三月五日　後藤議長
中井四等議官殿

中井にあてた左院議長後藤、副議長伊地知連名の書翰（京都国立博物館所蔵）

手紙の内容は、ロシアとイギリスの間に摩擦が生じているという情報があり、新聞紙上をにぎわせている。未確認であるが、戦争となれば一大事であるので、事実を確認し報告されたい、というもので、あて先は中井四等議官殿となっている。

後藤も伊地知も、俺たちはこの件には全然関わっていないよ、ということを証拠だてるために正式な肩書を記した手紙を出して、ひと芝居打ったのであろうか。なるほど、そういえばこの当時、ロシアとイギリスが戦争状態に入りそうだというニュースなど駆け巡っていない。

いずれにしても確かなことは、中井が岩倉使節団の一員になりすまし、ひそかに木戸とイタリア各地を旅してまわったという事実である。

ところで、木戸が帰国するのは明治六（一八七三）年七月二十三日である。彼は当然、中井が自分と別れたあとアメリカに行くことを知っている。にもかかわらず、ひと月後の日記にこう書いている。


同廿二日（略）中井弘の留守に至り母妻及小供に面會し（略）

これは、中井がわざわざ説得のためにヨーロッパまで出向いてくれたことに対するお礼の意味を込めて、遠い異国にいる中井の消息を彼の家族に伝えているのだ。決して偉ぶらない木戸の態度には頭が下がる。中井と木戸の付き合いはこれほど親密なものであった。

ここまで、中井と木戸の関係について縷々《るる》述べてきたが、木戸孝允について付け加えると、彼のバランス感覚や慎重な態度を評価する史家もいる反面、とかくネガティブな面を取り上げて辛口な批評をする人も多い。優柔不断だとか、愚痴が多いとか、嫉妬《しっと》深いとかさまざまに言われている。でも、木戸は元来真面目で優しい人だったのではないか。

余談になるが、司馬遼太郎は『燃えよ剣』〈上〉（新潮文庫）のなかで、木戸（桂）を称して何度も「小兵《こひょう》」と書いている。しかし、別の作家が書いた伝記には、六尺近い長身であったと記されており、『醒めた炎―木戸孝允』〈上〉（村松　剛　中央公論社、一九八七）には、著者の村松剛が調査した結果として、五尺八寸（一七四センチ）と書かれている。いずれにしても当時の日本人のなかでは、かなりの長身だったことは確かである。

岩倉使節団の副使としてアメリカに滞在したとき、木戸と大久保は背が高く、アメリカ人に比べてまったく引けをとらなかったし、態度も立派だったと書いてあるものも読んだ。なにしろ彼は写真で見ても、大変格好が良く、しかも美男子である。まあ、そんなことはどうでもよいが、こんなエピソードがある。酒癖の悪いことで知られる黒田清隆（了介）が、酒席で木戸にからんで殴りかかったが、木戸は、「何をするか無礼者」と一喝し、黒田を一間《けん》も投げ飛ばしたというものである。黒田は言うまでもなく第二代の内閣総理大臣だが、乱暴者で知られている。とはいっても、男気の強い薩摩藩士でもあり、幕府軍を率いて最後まで官軍に抵抗した榎本武揚を救った際に、頭を丸めたことで知られている。そのときの写真などはユーモラスで憎めない。この黒田もまた武勇伝に事欠かない男だから、よけい木戸の強さが光を放つ。

ところで、前掲の『特命全権大使 米欧回覧実記』および『海を越えた日本人名事典』を参考にして、岩倉使節団のメンバーを仔細《しさい》に見ると、そこには意外な人物がいて興味深い。副使に木戸や大久保、あるいは伊藤博文らがいるのはよく知られているが、理事官に慶応年間(一八六五〜六八年)からの中井の旧友である佐佐木高行や明治初年の上司であった東久世通禧、そして木戸孝允とともにフランスで行動する陸軍少将の山田顕義《やまだあきよし》、田中不二麿らが名を連ねている。

この田中不二麿(子爵)という人物、なかなか多彩な経歴を有している。出発当時は文部大丞で、帰国後は文部大輔(次官)に任ぜられる明治教育界の功労者だが、外交官としても有能で、各地で公使を務める。明治二十(一八八七)年に特命全権公使としてフランスに駐在しているときに、たまたま原 敬が妻貞子とともにパリに赴任する。そのころの関係は『原敬日記』〈1〉に書かれており、田中が帰朝したとき夫妻は新橋駅まで出迎えに行っているところを見ると、初めての欧州滞在で右も左もわからない原夫妻はかなり世話になったようだ。同二十四（一八九一）年には松方内閣の司法大臣を務めているが、女子教育の振興に懸けた情熱は特筆すべきもので、女子高等師範学校や女学校を創設した、アメリカ通のマナーを身につけたジェントルマンの典型であった。ここまでの経歴を見ると、明治新政府後に登場した有能な官吏のひとりにすぎないように思えるが、実は幕末から維新にかけて活躍した勤皇の志士として知られており、維新後は新政府に召し出され、尾張藩を代表して、木戸孝允、大久保利通らと岩倉具視を囲んで新政府が抱える諸問題について協議したりしているから、中井や五代、寺島たちよりも高い地位にいた人物である。

当時としては珍しい、モダンでダンディーな紳士であったが、彼もまた中井同様、自ら表に立つことに抵抗を覚えた男だったようで、退官後は夢山と号し、詩作をしながら悠々自適の晩年を過ごしたという。

さらに、使節団の書記官のなかには、幕臣出身の外務通で帰朝後の明治十一（一八七八）年から三年ほど外務省大書記官を務めた田辺太一《たなべたいち》がいる。そのころ中井は工部省権大書記官で、外務省御用掛《ごようがかり》も務めていたので、机を並べた仲である。元老院議官や貴族院議員を務め、中井と同じような経歴をもつ。

何《が》礼之《のりゆき》もいる。この人物はあまり知られていないが、やはり幕臣出身で代々長崎の唐《とう》通事《つうじ》の家柄である。英語伝習所で英学を学び、慶応三（一八六七）年には開成所教授を務め、最終的には元老院議官、貴族院議員を務めた人物であるが、中井が木戸とスイス各地やイタリアのポンペイの遺跡を訪れたとき同行していたのがこの何 礼之である。薩摩藩英国留学生の中村博愛とよく似た経歴をもつ語学の達人である。

次は福地源一郎《ふくちげんいちろう》（桜痴《おうち》）、またも幕臣出身である。これまた語学の達人で、オランダ語、英語、フランス語を自在に操った。いくつか新聞も発行したジャーナリストの草分け的存在だが、中井最後の見聞録『漫遊記程』の序を書いている。

そして、渡辺洪基《わたなべこうき》が二等書記官で参加している。この人物については第九章の「娘の結婚」で詳述するが、中井とはとくに親しく、中井が最後の洋行から帰るときに同行した仲である。

次は、慶応二年から三年にかけて中井が渡英したときに連日行動をともにした杉浦弘蔵で、本名は畠山丈之助（義成）、このとき三等書記官として留学中のアメリカから参加した。

第一章で既述したとおり、もともと薩摩藩英国留学生の一員で、渡英後、グラバーから紹介されたオリファント下院議員のもとで英語を学び、その後ロンドン大学で物理・化学・数学を修得し、慶応三年に鮫島尚信、森 有礼、吉田清成らとともに渡米していた。

書記官で中井に関係のあるのは右記の五人と、ウィーンで木戸を出迎えた小松済治二等書記官である。このほか、東久世の随員として村田新八が加わっているが、出発当時は宮内大丞に任じ、山岡鉄舟《やまおかてっしゅう》とともに明治天皇の御養育係を務めていた。戊辰《ぼしん》戦争での軍功もよく知られているが、西南戦争で西郷隆盛に殉じて自刃《じじん》した文武両道の薩摩隼人である。村田は、使節団帰国後も引き続き明治七（一八七四）年までフランスにとどまった、異色の存在であった。

岩倉使節団には五十九人の留学生が同行したが、そのひとりとして中江兆民《なかえちょうみん》が参加しているのが面白い。兆民はルソーを日本に紹介した人物で、第一級の知識人であったのはよく知られている。

ところで、中井と中江のふたり、実は入魂の仲であり、兆民は中井の幅広い人脈のなかにおいても一風変わった雰囲気をもっていた人物だが、中井は兆民を敬愛し、兆民もまた中井を尊敬していた。

封建的で武張《ぶば》った生き方を嫌いながら、名誉欲も金銭欲ももたず、人間の精神を何よりも尊重したことも共通していたし、さらに両者は、社会のために骨身を惜しまず縁の下の力持ちであることを厭《いと》わなかった。中井は兆民より九歳年長であったが、兆民を師と仰ぎ、中井が滋賀県知事をしていた明治二十年代に何度か酒席をともにした記録が残っている。

土佐藩出身である兆民は慶応元（一八六五）年九月、藩庁より英学修業のため長崎へ派遣されるが、そこではからずも坂本龍馬から影響を受けることになる。兆民より少し前のことだが、長崎にいた中井もまた龍馬に会って意気投合する。おそらく、この三人はどこかで会っているに違いない。でなければ明治になって兆民がわざわざ滋賀県を訪れ、中井知事と酒席をともにしたという話につながらないような気がする。慶応二（一八六六）年の末ごろに、兆民は長崎で藩の参政後藤象二郎から二十五両を融通してもらったと自ら書き残しているから、この年に中井に会った可能性もある。

しかし、私の調査不足のせいで、それを裏づける史料は今のところ見つかっていない。

いずれにしても、「富貴功名わがことにあらず」を座右の銘として悠々たる生涯を送った桜洲先生と、人生の極意を求めて西に東に彷徨《ほうこう》を重ね、フランス風エスプリで周囲を煙に巻いた兆民先生とは互いに尊敬し合える存在であった。

中井の死から十一日後の明治二十七（一八九四）年十月二十一日に、東京府市谷河田町の月桂寺で追悼式が行われた。このときの発起人が兆民であったのはあまり知られていないが、ふたりはそれほど親密な仲であった。

中井にしてみれば、親しい元勲《げんくん》は別として、出世功名に血眼《ちまなこ》になっている洋行帰りの役人や官僚たちよりも、本物の知性を身につけて悠然と生きる教養人、兆民のほうが数段楽しい話し相手であったに違いない。兆民が明治二十四（一八九一）年二月に衆議院議員を辞職した際、当時、貴族院議員であった中井が「これぞ代議士、君子なるかなかくのごとき人」と、その潔い進退を激賞した記録が『中江兆民評伝』（松永昌三）に収められている。

市谷河田町の月桂寺

兆民が岩倉使節団に選抜された経緯はとくにユニークで、彼の伝記には必ず登場するエピソードである。兆民は、使節団に副使として加わっていた大蔵卿大久保利通に直接会って志願したのである。前年までは参議の要職にあった多忙な大久保である。簡単には会うことができない。そこで兆民先生、一計を案じ、大久保の御者に近づいて懇意になり、大久保の退庁するときを狙って面会し、直訴に及んだところ、兆民が土佐出身であることを知った大久保は、兆民があえてその藩の出身者に頼まず、薩摩の人物に接触したことを稀《まれ》として、土佐藩出身の後藤象二郎や板垣退助に相談したうえで決定したというのである。これは、兆民がすでに後藤と面識があったから実現したのかもしれないが、それにしても天下の大久保に直訴したとは大した度胸である。さて、その後どうなったかといえば、ニューヨークを経てフランスへ渡り、二年余りフランスで生活したところまでしかわかっていない。中井と兆民がフランス、その他の地域で会ったという記録は残っていない。

岩倉使節団に関わった中井、木戸、大久保の三者には、こういった隠れた話があったが、明治六（一八七三）年十二月に世界一周を終えて帰国したあと、中井はまたも職を辞し、翌七年外務一等書記生として、イギリスへ渡航する。それから約一年四カ月の間、彼の足取りはぷっつりと途絶えてしまう。この間どこで何をしていたか記録は見当たらない。姿を現すのは、九（一八七六）年五月である。この月に帰朝し、二カ月後に工部省に権少丞となって入省する。そして翌十年の木戸の病死と、十一年の大久保暗殺によって三人の付き合いは終わりを告げる。

大久保が島田《しまだ》一良《いちろう》らによって暗殺されたときの目撃者は意外に少なく、死後真っ先に駆けつけたうちのひとりに中井がいた。

松方正義と鮫島尚信あてに中井が書いた書翰が松方家に残っており、『大久保利通関係文書』（立教大学文学部史学科日本史研究室編）に現場報告として収められている。

それは、大久保が受けた頭の傷や膝《ひざ》やあばらに残る刀痕《とうこん》の寸法や状態などについて、生々しく報告しているものだが、それにもかかわらず普段と変わらぬ大久保の毅然《きぜん》たる顔つきを見て、中井は「その悲惨の情、胸に満ちたり」と書いている。

この暗殺事件をもって、維新の三傑は姿を消すことになる。そして、明治という時代もまた大きな変貌を遂げようとするのである。

第七章　工部省時代――伊藤博文に全面協力

特命全権大使岩倉使節団一行が帰国し、いよいよ新政府が本格的な活動を開始した。西欧の国家に追いつくための国家的プロジェクトとなったのは、鉄道、造船、電信、鉱山、製鉄などの敷設、開発、拡充であった。ここで工部省という文明開化省ともいうべき省が発足する。

現在、国立国会図書館に明治二十二（一八八九）年大蔵省発行の『工部省沿革報告』というー千頁を超えるマイクロフィルムが保管されている。ここには、今では幻のような存在となってしまったこの省のすべてが書かれており、中井の名はかなりの頻度で現れる。

工部省に精力を傾けた伊藤博文は、有能と判断した友人知人を引っ張り込んだ。そして、そのなかに中井がいた。『工部省沿革報告』は膨大すぎるので『國史大辭典』を引用する。

こうぶしょう　工部省　明治政府のもとで、官営事業を統合・担当した殖産興業政策の中枢管理機関。同省の開設は明治三年（一八七〇）閏十月であったが、その設立の構想は、前年八月に民部省と大蔵省が合併され、当時、政府官僚のなかで実力者の一人であった大隈重信が民部・大蔵大輔を兼任した直後、「工部院」のかたちで提案、審議が開始されたのが最初であったと考えられる。その後、鉄道建設の目的で、三年三月にイギリス人教師モレルE.Morellが来日し、その献策により同省の設立が具体化した。大蔵少輔伊藤博文に提出されたモレルの意見書には、イギリスからの鉄道建設資金の導入にあたって、鉄道建設・道路改修・港湾開鑿・燈台設置・鉱山経営などを管轄する官庁新設の必要性が主張されていた。この構想は、当時、財政難にあった政府にとって、イギリスからの鉄道建設資金の借款を希望するうえで、回避しえない当面の要請として受けとられた。こうして工部省の設立は、当時、岩倉具視・大久保利通らと対立していた木戸孝允・大隈重信・伊藤博文らの「開明派」官僚群によって実現した。（略）

工部省が設置された明治三（一八七〇）年には暗中模索であったが、伊藤博文が工部大輔（次官）となった四年ごろになると、政府内での重要さは既存の各省と肩を並べるものとなり、みなが富国強兵の条件は工業技術の進歩であると認識するようになる。

その後、初代工部卿《きょう》（大臣）として伊藤が明治六（一八七三）年十月に就任し、鉄道、鉱山、工作が主な事業となったが、鉄道敷設経費が全事業支出の四九パーセントに達した。十年代から主要施設の経営内容が悪化し、十八（一八八五）年十二月佐佐木工部卿のもとで廃止となった。

伊藤はこの仕事に多大なエネルギーを注いだ。そして、裏から精力的に伊藤を支えたのが、中井をはじめとする明治の顕官《けんかん》たちであった。明治六年に左院四等議官の地位まで上った中井であるが、前述のように岩倉使節団に合流後、世界一周をして帰国したあと、翌七年突然外務省へ入省し、一介の書記生となってイギリスへ渡ることになる。

この渡欧について、ほとんどの評伝において、中井の気まぐれのような突然の配置転換願いをあっさり政府が認めたかのように記しているが、このころの要人の動きを見れば、中井がはっきりとした目的を抱いて渡英したのは明らかである。

ただし、このときの滞在記録は存在せず、ロシアを経て地中海を巡り帰国した道中記『漫遊記程』が残っているだけである。

約一年もかけて中井が何をしていたか、その鍵を握るのは帰国後の辞令である。明治九（一八七六）年五月七日に帰朝すると、中井は直ちに工部省の権少丞という役に任ぜられるのであるが、これから八年後の十七（一八八四）年に滋賀県令として転出するまで、同省で大書記官を務めたりして、鉄道、電信、鉱業、船舶など、わが国の初期インフラ整備に関して縁の下の力持ち的な活動をするのである。そのためには外務省へ入省する必要があった。

伊藤博文は、明治十一（一八七八）年に大久保利通暗殺のあとを受け、内務卿として工部省を去るまで、中井やその同僚たちと協力して同省拡充に力を尽くす。

そして、翌十二（一八七九）年に突如井上馨が工部卿に就任するが、同年中井は工部省に勤務したまま、外務省御用掛に任命される。御用掛《ごようがかり》というのは、本来、宮内庁（宮中）の命を受けて、自分が所属する省との間で用務を取り扱う宮内庁御用掛を指すのが一般的であるが、このころは、専門的な知識を生かしてある特定の省で働く者をこう呼んだ。なぜ井上が工部省に在籍する中井を外務省の御用掛に推薦したのか。これは、明らかに井上の要請を受けた伊藤博文や佐佐木高行といった政府高官たちの積極的な推挙があったからである。

謎《なぞ》めいた空白の一年八カ月（明治七年十月〜九年五月）であるが、考えられることは、中井はこの間イギリスで、伊藤から依頼された工部省拡充のための情報収集に携わったのではないかということである。

このころ、中井の直属の部下であった片岡直温が次のような回想を残している。当時の工部省内部の様子と、中井の日常とその人となりがわかって興味深い。

佐々木工部卿の紹介で訪問

その年（明治十五年）十一月の或る日、例によつて佐々木侯（筆者注・佐佐木高行）のところで、令息と雑談してゐると、侯は、私を居間に呼んで、ちかごろドウしてをるかと問はれた。遊んでをりますと答へると、何かせぬといかん、遊んでをつても詰らんでなと、云はれた。それから世間ばなしに移つて、ふと、君は、わしの役所にをる権大書記官の中井櫻州を知つとるかと聞かれるので、名だけは知つて居りますがと答へると、さうか、一度會つてみたまへ、實に面白い男だ。朝寝坊だから早く行つても駄目だし、おそければ役所へ出てしまふし、さあ、何時ごろがよからうかな、まあ行つてみるさ、變り物だから君とは談があふかも知れん、などと勸められた。そこで、私もその氣になつて、同月二十一日の午前中だとおもふ、築地の中井邸へ出かけて行つた。

貧弱な主人公に變な自用馬車

中井邸の門前には、馬車が一臺待たせてあり、ちやうど主人公が、いま役所へ出ようとしてゐる時だつた。これが當代の新人、櫻州中井弘氏とも覺えぬ貧弱な面相の漢が、つかつかと出てきて、私の來意をきゝ、『ぢやあ、一所に馬車に乘りたまへ、役所で話をしよう』。とそのまま、私を同乘さして出かけた。馬車といつても、いつか伊藤參議邸でみたやうな立派なものでない。一頭立の、まるで籠のやうな格好で、主人によく似た、變に貧弱なものだつたが……。

さて十年の知己のやうに同乘したものゝ、車中で山人は、ぽつんとして別に談かけるでもなく、と云つて、窮屈な感じをもさゝないで、いかにも無雜作な態度だつた。それがまた、初對面の私に一種の親しみを與へた。

ところが工部省へ着くと、君、ちよつとこゝで一服しとつてくれ、と云つて、山人は勝手にどこかへ行つてしまった。私は應接室で、ぽかんと待たされてゐた。それから暫くして、ひよつこり私の前へ現はれたとおもふと、山人は指先で撮まんできた、一枚の書き物をテーブルに載せ、

『まあ、かうして置いたから、そのつもりで居つてくれ』といふ。みると私の名を書いて、工部省御用係ヲ命ズ、月俸金五拾圓支給云々とある。墨もまだ乾いてゐない、辭令である。

初對面の私に籔から棒の辭令

意見もきかなければ、相談もしない、そんなことは什麼でもいいといつた顔をしてゐる。私は、ははン、これで工部卿が中井のところへ行けと、勸めたのだわいと氣がついたが……一から十まで先を越して、否も應も言はさぬ徹底的の獨斷專行である。常なら一論あるべきところだのに、この時は、流石の私も、すつかり煙に巻かれてしまひ、且つまたそこまで工部卿が私のことを配慮されてゐるのかと、有難く感じた。同時に、毫も先輩振らない山人の態度をうれしく思つて、一切委せる氣になつてしまつた。(略)

『別に仕事もないんだから、當分遊んでをればいいさ、なに挨拶する。よからう、一緒に連れて行かう』。山人は飄々と、私をつれて先にたつた。

テーブルに腰を懸けてゐた林董伯

廊下を歩きながら一見しても、役所のなかは、すべてが雜然として、さうして明かるく、活氣があつた。前に居つた內務省などの、重苦しい規則づくめなところは全然無かつた。

書記局と書いた部屋へはいると、ずつと奥の方で、立派な椅子を放りつぱなしにして、テーブルにどつかり腰をかけ、足をぶらぶらさしてゐたひとりが、山人の紹介をうけ、やあと云つて私の顏をみた。この人が書記局長、後に外務大臣となつた林董伯であつた。伯と對ひあつた工部大輔の井上勝子は、ちよつと振りむいて、ふんと云つたきり、また雜談を續けてゐた。役所へ通ふようになつてから、私はよく路で井上子と出會つたが、この人はいつも洋服着で、カタカタ下駄の齒を鳴らしながら、平然と登廳するのが癖だつた。

役所の用事は回向院の相撲見物

まるつきり狐に憑まゝれたこゝちで、この日は下宿に引取つた。兎に角、不意打ちながら工部省出仕に決まつたに相違ないので、翌日も、翌々日も出勤したが、書記局には、私の椅子もテーブルも置いてない。中井權大書記官にさう云ふと、ぢやあ、わしの部屋へくるがよからうといふことになつて、たちまち用度課勤務ヲ命ズときた。私の席は山人の隣りに置かれ、椅子テーブルから筆墨紙に至るまで、すつかり山人の使つてゐるのと同様なものが充てがはれて、自然奏任待遇にされはしたが、仕事と云つては何もなかつた。

出勤しても可いし、しなくとも可いし、席にゐて新聞でも讀んで、退屈すればいつ歸つてもよかつた。始めは何だか遊んでゐるのが濟まないやうな氣がしてゐたが、だんだん馴れてきて、平氣で役所の裏門から、勝手に登廳し、勝手に退廳した。時折、何か遣りませうかときくと、山人は、まあ、呑氣にしてゐればいいさと笑つてゐた。

（『回想録』片岡直温）

ここに登場する林《はやし》　董《ただす》も井上《いのうえ》　勝《まさる》も後年爵位をもらうほどの栄達を遂げる。このときの片岡の印象だと、なんとなく彼らは偉そうで、中井など眼中にない感じである。たしかに、林は三年前には工部省大書記官であり、そのとき中井は権書記官であったから、自分より十二歳若い林の部下であった。

「ふん」と言ったという井上工部大輔(次官)は中井より五歳年下だが、明治十八(一八八五)年鉄道局長官となり、同二十二(一八八九)年には東海道線を全通させた人物で、日本鉄道事業の先駆者である。この井上　勝こそ、幕末に伊藤博文、井上　馨、山尾庸三、遠藤謹助らとイギリスへ密航した長州藩英国留学生(長州ファイブ)のひとり、野村弥吉である。後輩の下で悠々と官僚生活を送っていたのも中井の生き方で、意地でも出世栄達は望まないという頑固な一面もうかがえる。

しかし、このころ中井は前述のとおり外務省御用掛を兼任しており、同省に出入りしていたので、若き原　敬に目をかけて外務省へ引き入れたりと、多忙な毎日を送っていた。連日外務卿の井上や参議伊藤博文たちと外交問題に取り組んでおり、実際には井上　勝や林の頭を飛び越えて旧梁山泊《りょうざんぱく》の連中などと行き来していたのである。

この外務省御用掛兼任は、井上　馨が明治十二(一八七九)年に工部卿に就任したときに中井に頼み込んだ。そして、翌十三年井上が外務卿に転任すると同時に仕事を開始し、国家の大問題に取り組むことになる。それは井上が頭を悩ませた不平等条約の改正問題であった。そのためには、諸外国に日本が文明開化した国だと認めさせなければならない。そして、その切り札として井上たち外務省および政府高官たちがひとつの構想として打ち上げたわが国最初の国際社交場を、中井は「鹿鳴館《ろくめいかん》」と命名したのである。

役所内で日中のんびり遊んでいるように見えても実際は違うのだが、この辺のことは新入りの片岡にはわからない。

工部省といえば即伊藤博文が思い浮かぶが、中井と伊藤の親密な関係を証明する記述が、明治三十三（一九〇〇）年の五月二十五日付『原敬日記』〈1〉に見られる。中井の死の六年後である。

二十五日　伊藤侯に面會す、中井櫻洲の碑文を托す、中井死去の後伊藤自ら撰文して碑を建てんと話ありしも果さゞりしに、今回京都併に東京大阪にて建碑の企あり、發起人より碑文を托されたるにより、余之を伊藤に依頼したるなり、伊藤快諾せり。

（略）

このとき伊藤は閣外にいて、五カ月後に組閣する第四次伊藤内閣の準備中である。要するに伊藤は当時、日本政界の頂点に君臨していたわけだが、その多忙な伊藤が碑文の作成を快諾したというのはふたりが刎頸《ふんけい》の友であったことを物語っている。この碑文がはめ込まれた中井の記念碑については、第四章ですでに説明した、京都の丸山公園の一角に建立されたものである。

京都といえば、川崎造船の創立者であった川崎正蔵の伝記『造船王　川崎正蔵の生涯』（三島康雄）のなかに、中井と伊藤の関係にふれたこんな一文がある。

中井弘は一七年から二四年まで滋賀県知事、二六年から二七年まで京都府知事をつとめ、伊藤博文が関西へ来るごとに京都の祇園や大阪の南地で豪遊したが、その勘定は川崎に払わせるのが常であった。川崎は金銭の貸借には几帳面な性格であったが、「山人（櫻洲山人は中井の雅号—著者）は悪戯はするも、邪念なければ、酒代ぐらいの損失は詮方なし」（略）といって、番頭にその跡始末をさせるのが常であった。

これから察すると、中井は晩年になっても相変わらずいたずら好きであったようだが、とくに伊藤博文や井上馨、西郷従道ら、昔の梁山泊の連中と一緒になると、何かをせずにいられなかったようで、読んでいると思わず頰《ほお》が緩んでしまう。彼らがみな政府や軍の要職を占めているところがまたおかしい。「稚気愛すべし」という言葉は彼らに与えられる称号であると言ってもよいほど、天真爛漫《てんしんらんまん》なところが愉快である。

現在、鹿児島の歴史資料センター黎明館《れいめいかん》に保管されている伊藤から中井にあてた書翰《しょかん》は合計四十七通で、最多である。

第八章　鹿鳴館命名——井上 馨・武子夫妻との付き合い

この章では、本書のなかでも特筆すべき、謎《なぞ》めいた話の真相解明をしたい。それは、中井の娘の貞子がなぜ実母でもない武子の子供と思われていたかである。

工部省に約八年間勤務し、後半の五年は外務省御用掛《ごようがかり》を兼務した中井は、明治十七（一八八四）年に滋賀県令として大津へ赴任するが、その直前、彼の名前を後世に残すことになる面目躍如たる仕事が舞い込んできた。

それは、イギリスから招聘《しょうへい》したジョサイア・コンドル博士が設計した洋風建造物で、外務卿《きょう》（大臣）井上 馨が中心となり、外国との不平等条約改正のために総工費十八万円をつぎ込んで完成させた欧風レンガ造り二階建ての宿泊施設の命名である。建設に要した期間は二年六カ月、総建坪は四百六十坪を超える壮大なものであった。

中井はこれを「鹿鳴館《ろくめいかん》」と名づけた。漢詩人桜洲山人が選んだ『詩経』からの一節は、

「鹿鳴いて賓客《ひんかく》を迎する」の意味である。中井は当時、井上 馨が必死で取り組んでいた不平等条約の改正実現のための大プロジェクトを支持した官僚のひとりであった。井上とは長い付き合いでもあるし、武子の縁もあって他人のような気がしなかったのであろう。

結果として、外国に対する譲歩がはなはだしいとか、そのほかいくつかの点で政府内部からの反対もあって井上の夢はかなわず、明治二十（一八八七）年外務大臣を辞職、条約改正は失敗する。しかし、条約改正の成否はともかく、鹿鳴館は、わが国の外交史上また文化史上、最も名高い建造物のひとつとして今に至るまでその名をとどめている。

鹿鳴館の構想をもって、日本国の心意気を世に示そうとした井上 馨をはじめとする外務省関係者や政府高官たちの苦心と労力は大変なものであったのは事実だが、行きすぎた欧化主義に眉《まゆ》をひそめた人も少なくなかったのである。残念ながら、井上が中心となって推し進めようとした鹿鳴館外交は失敗したが、まだ一アジアの小国であった日本としては、精一杯背伸びした結果がこれであった。

ここで注目すべきことは、中井は築地梁山泊《りょうざんぱく》時代からの親しい友人である井上に協力して、決して見放さなかったことである。尾去沢《おさりざわ》鉱山の私有をめぐって司法卿江藤新平《えとうしんぺい》の追及を受けたりして、どこか不明朗な雰囲気が漂う井上である。明治天皇の印象も良くなかったといわれている。

しかし、中井は死ぬまで伊藤や井上との友情を大切にした。これこそ中井が終生大切にした社交の真髄に違いない。

鹿鳴館の命名に関しては、井上が開館の式典における挨拶《あいさつ》のなかで、「鹿鳴館という名前は、わが畏友、中井櫻洲君が名づけたものであり」と述べている。

プロローグで、鹿鳴館命名のほかに中井が必ず顔を出す書物として、原 敬の伝記を挙げたことを思い出していただきたい。原は新聞記者になろうと思い、当時工部省で中井の部下であった郷土の先輩阿部《あべ》 浩《ひろし》に就職を頼んだ。阿部はさっそく顔の広い中井に相談、その結果、郵便報知新聞に就職が決まる。これが明治十二（一八七九）年のことである。そして十五年になると原は同社を去って、中井の部下として外務省御用掛を拝命するのである。原は中井から井上 馨を紹介され、外務省へ入ったとする伝記がほとんどだが、実際は、工部省に身を置きながら、外務省御用掛として、井上の相談相手などをしていた中井が直接原を引っ張り込んだことがわかっている。

中井は原の外交官としての非凡な才能に目をつけた。どうしてもこの男を手元に置いて、まだ人材豊富とはいえない政府の重要なポストに就かせたいと思った。自分は手を出さず、部下に重要な仕事を任せようとするのが中井の特技である。そして明治十六（一八八三）年十一月、鹿鳴館がオープンする直前に原は天津《テンシン》領事を拝命し、翌十七年に清国の間で起こった朝鮮国内での衝突（甲申《こうしん》事変）に関しての交渉に臨むことになる。そして、なんとそのオープン六日後に中井の娘貞子と結婚し、翌月天津へ赴任する。

ところで、「鹿鳴館」という言葉が出ると必ず登場するのが、井上馨とその夫人、「鹿鳴館のクイーン」といわれた武子である。今でもこの女性に対する評価は高く、辣腕《らつわん》の夫もかなわない知性的で個性豊かな女性だったと評されている。

明治二（一八六九）年、中井が突然鹿児島へ帰ったときに、結婚したばかりの武子を離縁して、大隈重信の夫人に預けていったというエピソードには第四章でふれたが、武子は正妻ではなく、ほんの短期間だけ付き合った愛人のようなものであった。このとき中井は、武子だけでなく、ふたりの間に生まれたよちよち歩きの娘貞子もともに預けたと書かれた書物もいくつかあるが、これは正確ではない。

なぜなら、このふたりの間には子供はいなかったのである。武子が中井と別れて、正式な妻として嫁いだ井上馨との間にも子供はできなかった。

貞子が武子の娘ではない証拠らしきものとして次の事実を挙げることができる。それは、明治三十八（一九〇五）年に原と貞子が離婚することになったとき、ふたりとも、井上夫妻には一切このことで相談していないことである。そればかりか、貞子が原に内緒で、武子や井上に何かを相談したという記録もまったく存在しない。井上夫妻が存命中であるにもかかわらずである。

原が日記のなかで書いているとおり、原が離婚の相談をしたのは、昔から世話になっている郷土の先輩、阿部 浩と中井の財産管理者である本田親雄のふたりだけである。離婚しようとしている妻の生母が生きていて、しかもその夫君は長年自分の上司であった外務大臣経験者であるにもかかわらず、まったく相談も報告もしていないというのはおかしい。原は中井の生存中から後妻となる浅と付き合っていた。これは『原敬日記』からも明らかだが、彼は中井が死ぬまで貞子と離婚はできなかった。結局中井の死後十一年も経ってから離縁したのである。それは原の母親の仲裁があったためらしいが、詳しくはわからない。井上夫人と貞子との間に血縁上の関係があったとしたら、やはり原は、井上夫妻の存命中に貞子を離縁することなどできなかったに違いない。

これだけで、貞子と武子が血縁関係にはなかったことを立証するには十分可能だが、昭和四十二（一九六七）年になって決定的な資料が出現した。

それは、福村出版から刊行された『原敬日記』の新版第六巻であるが、その「序」に、編者である林 茂東大名誉教授自身が武子と貞子の関係について驚きの感想を載せている。

『原敬日記』は、内容は同じであるが、三つの出版社から刊行されていて、最初が乾元社版（昭和二十五〈一九五〇〉年）、次が福村出版（昭和四十二年）から出た索引付きの新版、そして最後が自筆原稿を写真に撮った影印・北泉社版（平成十〈一九九八〉年）である。

なお、新版の「序」は、第一巻から第五巻まではすべて同一内容で、それらは、原の養《よう》嗣子《しし》であった原 奎一郎《けいいちろう》氏の手になるものであり、そこには「余の日記は数十年後は兎に角なれども当分世間に出すべからず」という有名な遺言の一部分が引用されている。

しかし、第六巻の「序」のみが、奎一郎氏ではなく林教授によって書かれていて、内容はまったく異なっている。以下、その「序」を引用してみよう。

序

（略）明治四十一年の『中央公論』所載「原敬論」の切抜きは原 敬自身の手でつくられ保存してあったものであるが、これも盛岡の蔵のなかを整理中、偶然古びた手文庫のなかから発見されたものである。それぞれ思わぬところから得がたい資料が見つかったわけで、発見という言葉もあながち誇張ではないのである。

ともあれ、『原敬日記』はさきに完結した五巻により、すでに近代日本政治の内情を照らし出す絶好の資料としての定評を得ているが、このたびの第六巻に収録された諸種の文書は、原敬その人の個人的な面を明るみに出す役割を果すことにおいて、別の意義をもつであろう。たとえば前記『中央公論』の「原敬論」に対して、原敬はみずから朱筆を加えて事実の誤りを正しているわけだが、そのなかで、原敬に関してその存生中から伝説化されている「井上馨の女婿」なる説の誤りであることが指摘されている（傍点筆者）。原敬自身の筆になる真相の解明であるから（いままでは埋もれていたが）、この問題に関する限り、今後は臆説に終止符が打たれるのではないかと思われる。（略）

『中央公論』に載った「原敬論」について原 敬は納得しておらず、朱で訂正を入れていたことがわかる。

そしてその訂正のなかでも、右の文中、傍点をつけた〝原敬に関してその存生中から伝説化されている「井上馨の女婿」なる説の誤り〟というところが、最も重要と思われる部分である。この第六巻が出るまで、研究者は、原が政官界に及ぼす影響のみを考えて、日記の公開を遅らせるように指示したと思っていた節があるが、林教授は、原の私生活、それも夫人の出自が明るみに出たことを重要視している。なぜ貞子は周囲から、井上武子の連れ子と思われてしまったのであろうか。そして、なぜ林教授が伝説化という表現を用いるほど確固とした存在になってしまったのだろうか。井上 馨に比べて、中井の存在があまりに小さすぎたためだったからか。あるいは、貞子が、幼いころから知っていた武子を母親のように慕っていたからだろうか。

原 敬の御用記者などと呼ばれた前田蓮山《まえだれんざん》は、『原敬日記』が公開される以前に、『原敬傳』を書いた。しかし、このときは『原敬日記』がいつ刊行されるのかわからず、気持ちの整理がつかぬまま、後ろ髪を引かれる思いで出版に踏み切ったと思われる。ところが、『原敬日記』は前田の存命中に出版されたのである。前田は狂喜し、いかにも特ダネをつかんだという感じで、貞子の実母に関する項が収められた『原敬』と称する新書判大の著書を出版した。

前田はここで、原の日記〈1〉から明治二十年十二月五日の日記を原文のまま引用している。

東京なる伊集院兼常の妻よりの報知を落手せしが、余が妻貞子の實母にて中井家より離別後印刷局の技師今村なる人に嫁したるが今回病死せりとの事なりき。

この二行だけを読んで、「そうだったのか、原の最初の妻は鹿鳴館のクイーンといわれた井上武子の娘ではなかったのか」とピンとくる読者が何人いるだろうか。原の妻の実母が中井と離婚後に今村という人に嫁いだが、今回、病死したと知ったところで、それが何なのか。そんなことに関心のある人などほんのひと握りだろう。

前田には、いや原 敬に対しても失礼かもしれないが、事の真相を明らかにしたつもりで書いたこの記述は、世間に対して、あまりインパクトを与えたとは思えない。しかし、福村版に収められた『中央公論』に対する原の反論は、林教授の書いた「序」のおかげで、みなが驚いたことがわかる。

では、原自身が自ら加えた朱筆部分はどうなっているのであろうか。原文のまま引用する。

余の妻は井上侯の夫人の實娘なりとの記事は大間違の話なれども、世間にはかく信じ居る人多きものと見え、色々の本にもかく記せり、事實にあらず。井上の今の夫人は中井の妻となり、離縁になりて後井上に嫁したるには相違なきも一人の子供もなかりき。余の先の妻はその後中井に嫁したるフミといふ婦人の娘にて、この人も一女一男を產みたる後離縁となり。その後印刷局に奉職せる今村といふ技師に嫁し、一女をあげて明治二十年の末死亡したり。その死亡は余が巴里在勤中なりき。右様の事實ゆゑ井上と緣戚の關係などは毛頭これなし、大間違の說なり。

実に具体的な説明がなされており、一読して貞子の母親が誰だかわかる。貞子はフミという女性の子供で、このフミは中井と離縁したのち、印刷局の今村という技師と再婚したとある。武子が井上と再婚したこと、さらには、彼女は生涯自分自身の子を産まなかったことなどもはっきり書かれている。

では、なぜ貞子は武子の娘になったまま放置され、そういった伝説が出来上がってしまったのだろうか。

中井が明治二（一八六九）年七月に外国官判事を辞し、鹿児島へ帰藩したことはすでに述べたとおりであるが、実際に東京をあとにしたのはその年の十一月である。貞子が生まれたのは、同年の八月十五日だから、大隈の言うとおり武子を大隈夫人に預けたとすれば、その時期にはすでに貞子は存在していたわけで、周囲の誤解を招いたのは不思議ではなかったのである。

しかしながら、貞子は武子から生まれたのではない。実際は、中井が武子と暮らしながら、よその場所でフミと付き合い、貞子を産ませたのである。武家の家では、跡取りの問題は重要で、相手の女性が子供を産めない体であれば、男性は他の女性と関係するのは当たり前と思っていた時代である。ただし、実際に中井が跡取りのことを考えてフミと関係したか否かは判然としない。

親しい友人は真相を知っていたが、取り巻きの多くは勘違いし、その話が独り歩きしてしまった。

原は、義理とはいえ、井上馨の娘をもらい、強力な支持者を得た。井上と肩を並べる元勲《げんくん》たち、伊藤博文や陸奥宗光たちもバックに控えていることを思えば怖いものは何もないはずだ。彼が出世の階段を上るごとに、世間はますますその活躍に期待した。そして、原自身が貞子と武子の関係を否定しないことにより、周囲はますますその伝説を信じることになってしまったのではないか。

しかし、原としてみれば、いちいちそういったゴシップを否定して歩くのも馬鹿らしいし、その必要もさらさらない。彼の性格はあえて誤解を解くために弁解するというような女々《めめ》しいものではない。原の性格は、強気一辺倒である。自分にとって都合の悪いことは一切説明しないのは、『原敬日記』を読んでも明らかである。前田蓮山の引用した日記において、原はこの事実をあえてさらっと書いているような気がしないでもない。あまり詳しく妻の実家のことは書きたくないといった感じである。しかしながら、原は外務省入省の当時から、世間に対し、貞子を井上の娘と思わせようとしていたとは思えない。とはいえ、世間はどうであったか。原が井上の娘と結婚したのは出世のために違いないと思った人たちがいたとしてもおかしくはない。原には若いころからそういった意図があったと思い込んだ人たちがかなりいたようである。

第九章　娘の結婚——相手はのちの平民宰相・原 敬

原 敬は明治十六（一八八三）年、中井の娘貞子と結婚した。

しかしながら、前章で述べた三種類の『原敬日記』のいずれを見ても、また昭和五十九（一九八四）年から刊行を開始した『原敬関係文書』（日本放送出版協会）のどこを見ても、原と貞子の結婚式あるいは披露宴の記述は見当たらない。

原は、一種の記録魔であり蒐集《しゅうしゅう》保存マニアである。『原敬日記』および『原敬関係文書』を実際にあたれば、いかに細かくすべてを記録し、領収証や請求書あるいは証文に至るまで何から何まで保存してあるかがわかり、驚くばかりである。多忙な政治家あるいは大臣にとっては、日記を毎日つけることだけでも容易なことではないが、それに加えて、これほどの資料を保存整理したことだけでも驚異的である。

善《よ》し悪《あ》しは別にして、とにかく自分に関係するものは何でも残した原である。

しかしながら、その結婚披露宴当日、明治十六年十二月四日の記述だけは存在しない。これは「原敬日記の怪」とも称すべき不可解な事実である。実際には披露宴は催されていたにもかかわらず、である。なぜ原はその日の記録を残さなかったのか……。

維新の元勲《げんくん》たちが中井に寄せた書翰《しょかん》は、現在、鹿児島県歴史資料センター黎明館《れいめいかん》や京都国立博物館で保管されており、その量は合計三百六十通を超えるが、そのなかに渡辺洪基という名前が見える。この人物、明治の人名事典には必ず載っている人物で、多彩な生涯を送ったことで知られている。第六章でもふれたとおり、岩倉使節団にも参加している。

弘化四（一八四八）年医者の息子として越前に生まれ、長じて箕作麟祥《みつくりりんしょう》や福沢諭吉《ふくざわゆきち》に学び、明治元（一八六八）年米沢藩に招かれて理化学や政治学を英語で教授、同四年外務省に入り岩倉使節団に参加する。七年にオーストリア代理公使、十八（一八八五）年東京府知事、翌十九年東京帝国大学初代総長となるが、このとき四十歳という若さであった。渡辺は、中井がヨーロッパへ三度目の旅をして帰国するときに同行した人物で、中井の見聞録『漫遊記程』にその経緯が記載されている。十三（一八八〇）年に中井が外務省御用掛《ごようがかり》を兼任したとき、渡辺は同省の大書記官を務めており、政府部内で親しく付き合っていたことがわかる。そのときの縁で、翌十四年、中井は渡辺に原を紹介し、五月から約半年をかけて渡辺と原は国内各地を旅行する。

この人物が原 敬と貞子の結婚媒酌人である。

それでは結婚披露宴について話を続けよう。

役所に婚姻届が提出されたのは明治十六(一八八三)年十二月十六日だが、結婚披露宴は十二月四日に行われている。しかし、今述べたとおり、『原敬日記』にその記載はない。原はその翌日、貞子を伴い赴任を命ぜられた天津《テンシン》へ旅立つ。そして、その十二月五日の日記はしっかりと残している。

十二月五日　妻幷従者徳丸作藏下婢むめを携て午後一時新橋を發す渡邊洪基夫妻中井一族阿部浩夫妻齋藤脩一郎淺田德則栗野愼一郎中田敬義等の諸氏横濱まて送り來る船中にて分袖す(略)

ところで、中井は理由ははっきりしないが、披露宴には出席していない。しかし、渡辺は原が天津へ旅立った同じ五日付で中井に書翰を出していて、われわれはここから披露宴が行われていたことを知るのである。参列者の名前を見て驚かざるを得ない。渡辺はこう書いている。現代表記と併記する。

（略）偖令嬢御事、兼而原敬氏へ御遣し之思召も有之候処、此度結婚之上任国へ相伴度望ニ付、近々以電報相伺候処、御承諾相成候ニ付一同大慶、諸事伊集院氏取計相成、万々都合能相整、昨夕一応原氏宅ニ而小式之後、築地寿美屋ニ於而祝宴相開キ、山県・井上両参議も来臨、御老大人始メ、本田・吉田・松村・中村博愛之諸君、本田・吉田・中村者夫人同道、（略）令嬢も余り御年若故、令閨君始御案シ申候得共、皆々其辺篤ク注意いたし、婿殿も極而丁寧ニ取扱候筈ニ御座候間、必らす不都合ハ有之間敷ト奉存候、（略）

（略）ご令嬢のことですが、原敬氏には、結婚したうえで任地へ伴ってはいかがと電報にて伺っておりましたところご承諾いただき、みな大喜びで、万端を伊集院氏が取り計らって、昨夕原氏宅にて一応簡単な式を挙げたあと、築地の寿美屋において祝宴を開きました。山県（有朋＊）、井上（馨＊）両参議も来臨、御老大人（横山詠介＊）

をはじめ、本田（親雄＊）、吉田（清成＊）、松村（淳蔵＊）、中村博愛の諸君、本田、吉田、中村の三氏は夫人同道でした（略）、令嬢もあまりにお若いのでご本人はじめご心配の様子でしたが、出席者がその辺をとくと注意しましたので、婿殿もごく丁寧にお取り扱いになるはずで、不都合はないものと存じております。（略）

（＊は筆者）

元勲たちとの会合に出席したことなど必ず記録する原である、これだけの重要人物が一堂に会した自分の結婚の祝宴を書き残さないわけはない。この重大なイベントの模様を日記から削除したとすれば、そこには、どうしても書きたくない理由があったに違いない。

渡辺洪基の文面からすると、原は周囲に居並ぶ元勲たちから、面白半分にまだ十五歳（満で十四）の娘を嫁とするに際し、いろいろからかわれたようである。そのくらいはまだよいとして、その日の中心人物は原ではなくて貞子だったという事実が原にはいたたまれなかったのではないか。原は天津領事を拝命したとはいえ、外務省に入ってまだ一年、頭は切れるし、実力はありそうだが、政官界では無名の男である。

それに引き換え、貞子は今眼前にいる参議の井上馨や山県有朋、あるいは薩摩《さつま》藩では

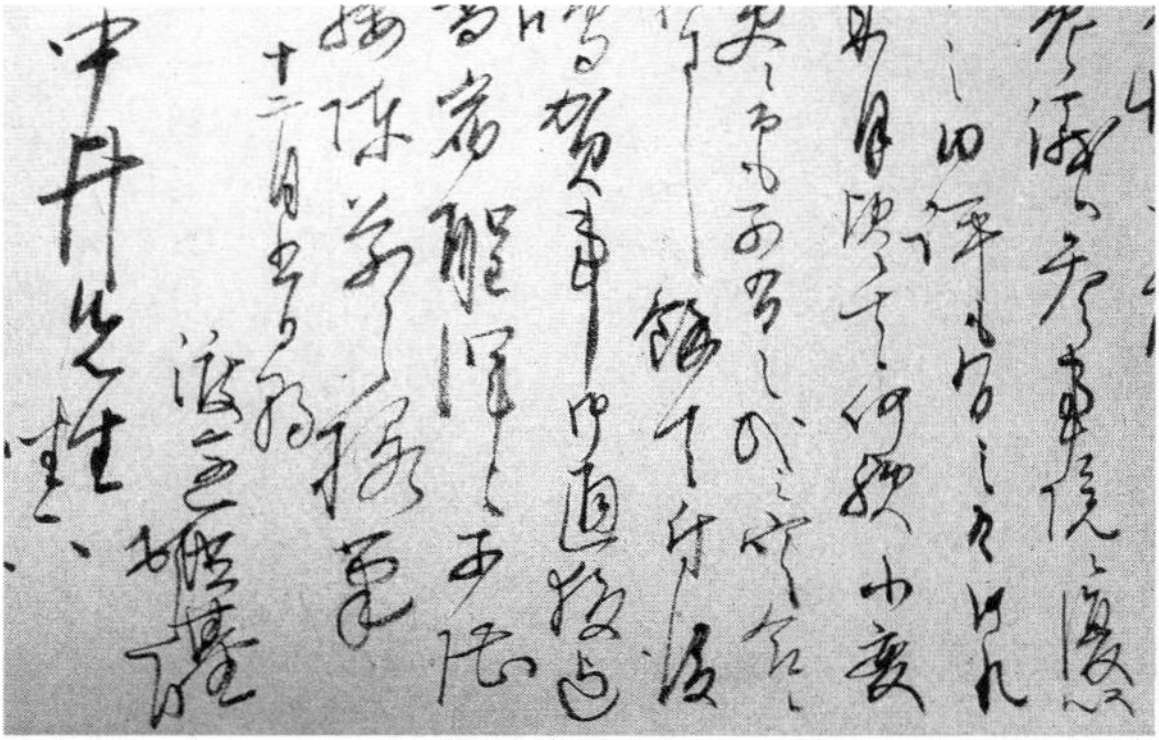

中井あて渡辺洪基の書翰（鹿児島県歴史資料センター黎明館所蔵）

幕末から活躍し、大久保の親友として知名度の高い本田親雄、わが国きっての財政通であり名外交官でもあった吉田清成、海軍中将で海軍兵学校長にもなった松村淳蔵らとは、すでに顔見知りである。話は中井の武勇伝や、数々のエピソードに及んだはずである。彼らは、この日、出席できなかった父親中井の依頼で集まった面々であり、山県などは戊辰《ぼしん》戦争を戦い抜いた男である。なかには顔中傷だらけの井上のような外務卿《きょう》（大臣）もいる。自分の職場の長が外務大臣で、しかも維新の元勲だとしたらどうだろう。

井上や山県は原の出身藩である南部藩を滅ぼした長州藩の大立者であり、このときはふたりとも実質上、日本の政界の頂点ともいうべき参議という地位にいる。原の胸中に去来したものは戊辰の役であったに違いなく、その戦争の最中、官軍の将兵が「東北人なども、ひとやま百文だ」と嘲笑《ちょうしょう》したことを忘れず、のちに自らの俳号を「一山」としたが、それも、この日の屈辱が生んだものかもしれない。

原は明治八（一八七五）年六月三十日に分家した。このときに平民となった。しかし、もともとは南部藩の家老格の家の出身であるから、れっきとした士族であった。ふつふつと煮えたぎる彼の血のなかには、南部藩士族としての想像を超えるプライドが宿っていたのは明らかである。

原は、しかしクールな男である。そんなことより、「ここに居並ぶ政府の顕官《けんかん》たちに取り入って出世の糸口をつかむことが先決だ」と割り切ったかもしれない。しかし、どんなことがあったにしても、この日、原が屈辱の一日を過ごしたことは確かである。そうでなければ、この晴れがましい日の出来事が日記に記載されていないわけがない。

原は後年、日記の一部を浄書したといわれており、そのときに、浅夫人のためを思って最初の結婚式の記載を削除したのかもしれないが、いずれにしても、原にとって、この日の宴会だけは思い出したくもない一事だったことは想像にかたくない。

もうひとつ考えられることは、原の暗殺にも関係するが、もし彼に期待する旧幕軍の生き残りが知ったら、きっと不快に思うに違いない長州の親玉ふたりが出席した結婚披露宴の記述など、消しておいたほうが賢明だとの結論に達したのかもしれない。

原と井上の関係を仔細《しさい》に見てみると、本来その出自からしてこの両者を結びつける接点はまったくない。なにしろ、「平民宰相《さいしょう》」で爆発的人気を得た原ではあるが、実は前述のとおり、南部藩家老の孫であり、その藩が扶持《ふち》を得ていた幕府を滅ぼしたのは、ほかでもない井上の出身藩である長州や藩閥政治の頂点にいた薩摩であったということを思えば当然のことである。その井上が列席した自分の結婚披露宴の記録など残したくないとしても不思議ではない。

世に出るのに、最も早い方法は新聞記者であろうと信じた若き原 敬が、明治十二(一八七九)年郵便報知新聞社に入社したのは、彼が工部省の先輩である阿部 浩の紹介で、当時同省の権大書記官を務めていた中井を知ったためであると前章に書いた。

中井は薩摩の出身であるが、ほかの元勲と異なり、藩閥を背負って出世の階段を上るというようなことを嫌った、いわば一風変わった政府の高官であったために、原にとっては、この人物に接近することには、さほど違和感もなかったのである。また、中井は、同僚としのぎを削って生きてゆくことに大した意義も見出さなかったが、それは風流な世界を悠々と生きることに意義を見出していたからであろう。これが大きく原の生き方に影響を与えたのは確かである。

ここから、原の生涯は劇的な展開を見せることになる。郵便報知新聞社から大東日報に移った彼は明治十五（一八八二）年、突如として外務省に入ることになるが、ここでも阿部浩、中井ルートがひと役買っている。このときの外務卿が井上馨であったために、ここで井上が骨を折ったと断定している原敬関係の著書が多く見られるが、井上以上に中井が関係しているのは明白である。このとき、中井は工部省で大書記官をやりながら外務省御用掛《ごようがかり》を務めており、原をそこへ引っ張ってやったのだが、これはすでに述べたとおりである。

結婚式当日の参列者をもう一度見てみると、山県参議や本田、松村以外は主に外務省から参列しており、井上が参議兼外務卿（大臣）、吉田清成は外務大輔（次官）、中村博愛は同省会計局大書記官である。

そして欠席の岳父《がくふ》中井は、先に述べたとおり工部省大書記官であるが、明治十二（一八七九）年から外務省御用掛を兼任しており、同省に顔の利く中井がいて初めてそろう顔ぶれである。

中井の人望のために多くの大物が披露宴に出席したが、そのことが原を屈折させたとも考えられる。その一方で原は、中井が藩閥にこだわらない自由闊達《かったつ》な人間であることを改めて認識したに違いない。

原は前年、中井と同じ外務省御用掛を拝命し、当時の人事一覧の末席に顔を出すが、この男が将来、日本の大総理大臣になることを予測した人物は、この結婚披露宴の参加者のなかにはまだいなかったであろう。それどころか、山県などは、原というこの青年が、晩年まで好敵手として自分と競う相手になろうとは夢にも思わなかったに違いない。

第十章　琵琶湖疎水の完成——明治天皇の苦笑を誘う

貞子が原に嫁いだ翌明治十七（一八八四）年、中井は滋賀県県令（二年後に初代知事）を拝命し、東京をあとにする。前県令の籠手田安定《こてだやすさだ》が元老院議官になったあとを受けての就任であった。

このころ、北垣国道《きたがきくにみち》京都府知事を中心に計画された琵琶湖疎水事業計画が、籠手田および滋賀県民の反対にあって暗礁《あんしょう》に乗り上げていたために、参議の伊藤、井上、山県らは一計を巡らし、籠手田を昇進のかたちで元老院に転出させ、北垣知事とも親しい中井を抜《ばっ》擢《てき》したのである。

中井は工部省で伊藤や山尾庸三たちと日本の工業発展をめざしていたこともあり、土木事業にも大きな関心を寄せていたので、参議たちの勧めに従い県令を拝命するが、これは実際にスエズ運河、古代ローマの水道橋を見てきたことや、工業だけでなく、わが国の産業の総合的な発展に積極的であったことも手伝って理想的な人事であった。

それ以外にも、この人事には大きな意味があった。それは、この辞令が渡される二日前に明治政府は「華族令」を定め、中井の旧友で、薩長土肥の出身の主だった者たち、つまり伊藤博文、井上馨、山県有朋、寺島宗則、黒田清隆、西郷従道、大山巌、佐佐木高行、大木《おおき》喬任《たかとう》たちに伯爵を授けたのである。このときなんらかの理由により、爵位を授けられなかった大隈重信、後藤象二郎、板垣退助、勝安房《あわ》（海舟）たちも明治二十（一八八七）年になって同じ伯爵位を授かることになる。しかし、中井の名前は見当たらない。

私の伯父のひとりが生前、中井について書き残した小冊子が手元にある。それにはどこから仕入れた情報かわからないが、男爵を拝受したがのちに返上（拝辞《はいじ》）したと書いてある。しかし、板垣退助が返上しようとしても受け入れられなかったように、拝辞は絶対に不可能である。畏《おそ》れ多くも天皇の命令に背くことになるからだ。

そして、何よりも、『明治天皇紀』〈第六〉（宮内庁編）の明治二十年五月二十四日の項に、榎本武揚、佐野常民《さのつねたみ》、海江田信義、税所篤、由利公正、山岡鉄太郎（鉄舟）らに子爵、本田親雄、松村淳蔵、高崎正風、高崎五六（猪太郎）らに男爵を特授、という記載がある。中井の先輩、同僚、親族のほとんどが名を連ねている。しかし、中井の名はここにも見当たらないのである。中井に男爵位が授けられたとすれば、この日しかないにもかかわらず、である。

それは、中井自身の性格がそうさせたとしか言いようがない。今、右に名前を挙げた元《げん》勲《くん》たちとは生きる目的が異なっていたと言ってしまえばそれまでだが、中井は、爵位をもらうにはあまりに型破りであった。そして意外なことに、相当な照れ屋でもあった。このシャイな自分を見せないために、奇人と思われる行動もした。大隈の回想もここに焦点をあてている。また、片岡直温の回想にあるように、真面目に役所勤めをすることが性に合わないという一面も作用していたに違いない。堅苦しい官僚生活は中井の好むところではなく、常に気ままに仕事をしていたのは、第九章で既述したとおりである。中井は、脇目もふらずに働いて、政府内で官位を上る、といったことに意義を見出さず、終生黒子のような生き方を好んだのである。頼まれれば決して嫌とは言わないが、自ら表舞台に立つことは避けた。

そもそも中井は、伊藤や山県が大いなる興味を示した華族令の構想を知ったときから、これほど無意味なものはないと批判していたくらいである。これは前掲の『櫻洲山人席上演說』に詳しく書かれている。彼が命懸けで戦い抜いた幕末から維新にかけての数年間を振り返れば、こんなものを欲しがる武士や将兵は話にならないとかたくなに拒否し、自らは、絶対候補に上らないように画策していた節もある。後年、原 敬が平民宰相《さいしょう》のニックネームで呼ばれるようになってから、同じような行動をとったのはよく知られている。

このとき（明治二十年）首相を務めていた伊藤博文は、中井の性癖をよく知っていたから、強いて説得はしなかったのであろう。そこで爵位の授与はあきらめて、滋賀県令に抜擢というかたちで少しは中井にも報いようということになった。琵琶湖疎水完成を早めるためにというのはもちろんだが、これもまた理由のひとつだったのではないか。

うがった見方をすれば、大久保や伊藤たち明治政府の中枢にあった顕官《けんかん》たちは、そこを利用したとも言える。廃藩置県で大久保に協力して西郷の動向を探ったことも、木戸をなだめにヨーロッパまで出かけたことも、伊藤を助けて工部省拡充のために外務省一等書記生となって、イギリスで一年以上も情報を集めたことも、さらには、不平等条約の撤廃に精魂を傾ける井上を助け、外務省御用掛《ごようがかり》を兼任したことも、すべてが水面下でひそかに企画され実行に移された気配が濃厚である。いわゆる「密命」である。

もうひとつ、第一章と二章で述べたイギリス行きの前後と諸国流浪、そして江戸での活動に関しても、すでに薩摩藩の中心にいる人物から密命を受けて、情報収集を行っていたという見方も捨てきれない。

琵琶湖疎水とは、琵琶湖の水を京都へ運ぶための水路であるが、そもそもは京都の産業振興に役立てようと、琵琶湖と京都の落差を利用した水力の開発から発展した、わが国初の水力発電事業であった。工部大学校（現東京大学工学部）を卒業したばかりの田辺朔郎《さくお》という技師が全精力を注ぎ、明治十八（一八八五）年から五年をかけ、同二十三（一八九〇）年に竣工《しゅんこう》した大工事であった。

京都市内蹴上《けあげ》の水力発電所から送られる電力により、工場の電化、市電の開通、また船を線路上の台車に載せて移動可能にしたインクラインなどで、京都の急速な近代化がなされ、各地で水力発電が計画された。現在も京都の南禅寺に残る水路閣と名づけられた赤レンガの橋には、琵琶湖から水が引かれ、勢いよく流れている。工部省に約八年間勤務し、後半の五年は外務省御用掛を兼任、原 敬という有能な後継者を同省に引き抜いたあと、中井は、明治十七（一八八四）年に滋賀県県令として大津へ乗り込んだ。

しかし、前県令の籠手田は別に無能というわけではなく、滋賀県を心底愛した県令であったために、滋賀県人には評判の良かった籠手田を失ったことを悔やむ郷土史書も少なくない。産業育成や教育の充実などにも精力を注いだ中井を、滋賀県発展の大恩人と讃《たた》える県史もあるが、籠手田もまた県の歴史に残る人物である。

琵琶湖疎水はアジア史上初の大工事であり、明治二十三（一八九〇）年四月十日、明治天皇皇后両陛下をお迎えしてご覧にいれることとなった。この日の『明治天皇紀』〈第七〉には中井の名前も記載されており、こう書かれている。

九日　是れより先、京都府知事北垣國道・滋賀縣知事中井弘連署して書を上り、琵琶湖疏水工事既に竣功せるを以て、今年京都行幸に際し、臨幸を仰ぎて竣功式を擧行せんことを冀ひ、且滋賀縣廳舎新に成れるを以て、親しく臨幸の榮に浴せんことを請ふ、是の日午前十時京都御所御出門、鹵簿を具し、親王・大臣・侍從等を從へて先づ滋賀縣廳に行幸あらせられ、知事・書記官・警部長・收税長等に謁を賜ひ、知事の奉呈する所の縣廳圖面及び新築に關する書類、管內概況一覽表等を覽たまひ、御晝餐の後、知事の先導に依り廳內要部を通覽あらせられ、通御に際し、大津在勤の高等官に奉拜を仰付けらる、（略）

明治十八年六月より工事に著手し、工學士田邊朔郎をして工事の設計・企畫を擔任せしむ、是の年三月全線の工事を完成す、幹線水路延長六千百七間七厘、（略）其の費合計百十九萬九千百八十六圓六十八錢八厘を要す、蓋し本邦第一の工事にして、世界に於ても亦有數の大工事なり、（略）

九日　これより先、京都府知事北垣国道および滋賀県知事中井弘が連署して、琵琶湖疎水工事がすでに竣工《しゅんこう》したことを受け、今年の京都行幸に際し、臨幸を仰ぎ、竣工式の挙行を願い、かつ滋賀県庁舎が新たに完成したため、親しく臨幸の栄を賜りたいとの請願をした。この日、午前十時京都御所御出門、親王・大臣・侍従らを従えて、まず滋賀県庁に行幸され、知事・書記官・警部長・収税長らにお会いになり、知事の奏呈する県庁図面および新築に関する書類、管内概況一覧表などをご覧になり、御昼餐《ちゅうさん》ののち、知事の先導により庁内要部を通覧せられ、通御に際し、大津在勤の高等官に奏拝を仰せつけられる。（略）

明治十八年六月より工事に着手し、工学士田辺朔郎に工事の設計・企画を担任させる。この年三月全線の工事を完成、幹線水路延長六千百七間七厘（略）その費用合計百十九万九千百八十六円六十八銭八厘を要した。わが国第一の工事にして、世界にお

いてもまた有数の大工事である。（略）

お迎えする側は、不手際があっては大変と緊張の連続であった。責任者のなかでも滋賀県知事の中井はとくに真剣であった。これにはわけがあって、中井は天皇陛下の御前でかつて大変な失態を演じたことがあったので、今度こそ完璧に責任を果たさんものと必死になっていたのである。

その失態とは、明治二十（一八八七）年二月の京都行幸を終えられ、二十一日天皇皇后両陛下還幸の折、中井知事を先導役に琵琶湖をご遊覧になられたときのことである。

中井は、太湖汽船の船中で畏《おそ》れ多くも陛下からいただいたブランデーを数杯一気に飲み干してしまい、長浜の御昼休所に着いたときはすでに酩酊《めいてい》状態にあった。陛下を御先導するときは右も左もわからず、あろうことか、最初に間違えて御休憩所ではなく御不浄所へお連れしてしまった。

これは、本来であれば笑い話ではすまぬことだが、すでに維新の元勲の間でも陛下に覚えの高い伊藤博文が、わが国の初代総理大臣としてお側に仕えており、その伊藤がくすくす笑いだしたために、思わず陛下も失笑されたというエピソードである。このとき中井はとっさの機転で、「陛下御用は」と伺ったというが、真偽のほどは明らかでない。

この二十年の琵琶湖行幸のとき、陛下は上機嫌で、大いに遊覧を楽しまれたそうだが、翌月、京都行幸に際し、滋賀県太湖汽船会社および長浜御昼休所は大阪府下阪堺鉄道会社やほかの御昼休所とともに、よく御用を奉仕したとのお褒《ほ》めのお言葉をいただき、銅花瓶一対を頂くという栄誉に浴することになった。そして太湖汽船会社は、それとは別に金百七十円を頂戴したという記事が『明治天皇紀』〈第六〉に載っている。人生には失敗はつきものだが、これほどの失敗はそう多くはない。しかし、陛下は中井知事の大失敗にもかかわらず、いやその大失敗もあったからかもしれないが、ことのほか琵琶湖遊覧を楽しまれたご様子であった。

明治二十三（一八九〇）年四月のある日、陛下は左記引用文にある主だった者を昼食に招いたが、このとき中井は、またしてもおかしな行動に出た。本人は、それがお咎《とが》めを受けるほどのことだと思っていなかった節もあるが、周囲は驚いた。彼は、陛下が侍従のひとりに何か指示をお与えになるために横を向かれたとき、テーブルの上の銀製ケースのなかから、葉巻を数本ひとつかみにして自分のポケットへ押し込んだのである。ちょうどそのときこちらへ向き直られた陛下が、立ち去ろうとする侍従を呼びとめてお命じになった。

「中井にもっと葉巻をやりなさい」と。

この日の昼食会については、『明治天皇紀』〈第七〉の四月十日の項に左記のように記されている。

正午御學問所に熾仁親王・晃親王・彰仁親王・內大臣公爵三條實美・內閣總理大臣伯爵山縣有朋・海軍大臣伯爵西郷従道・大藏大臣伯爵松方正義・宮內大臣子爵土方久元・侍従長侯爵德大寺實則・陸軍中將子爵高島鞆之助・滋賀縣知事中井弘・京都府知事北垣國道・大阪府知事西村捨三等を召して御陪食を仰付けられる、（略）

当然のことながら、ここには、「滋賀県知事中井弘、陛下の御前で葉巻を数本くすねた云々」といった記述はないが、あり得ない話ではなさそうである。私は、この話も母から聞いたのだが、母は自分の父親から聞いたというものの、その真偽は確かめようがない。

エピローグ

中井は、明治二十三（一八九〇）年に貴族院議員に勅選され、六年務めた滋賀県知事を辞めることになった。さあ、これからは風流三昧《ざんまい》の生活が待っている。このまま京都の郊外に住んで、詩を書き花鳥を愛《め》で、仏閣を巡り、遠来の旧友たちを歓迎し、祇園で夜を徹して飲んだりできる。誰も邪魔する者はいない。命の洗濯だ、などとうそぶいていた中井に、そうはさせてなるものかといった調子で政府の中枢、それも時の内閣総理大臣伊藤博文より親書が届く。

伊藤のみならず、政府の要職にある旧友たちが、こぞってとんでもない人事の構想を実現させてしまったのである。

それは、第五代の京都府知事任命であった。明治二十六（一八九三）年のことである。この翌年は西暦一八九四年であり、政府は平安遷都千百年を祝う大祭の計画を立て、大物知事の抜擢《ばってき》を画策していた。中井を説得するのは容易ではないが、説得する側は伊藤、井上、山県、西郷従道といった錚々《そうそう》たる顔ぶれである。これには中井も逆らえない。彼はあっさりこの大役を拝命した。もっとも、そこには別の理由もあった。京都は、自分が生まれた鹿児島よりも愛した土地である。その地で大祭が行われるというのに、他人に任せることなどできやしない。平安神宮の建立開始を手始めに、さまざまな新企画を打ち出した。中井、五十六年間の人生を仕上げるときが来たのである。

その一年前の明治二十五年、娘婿原 敬はすでに三十六歳になっており、外務省通商局長の要職に就いていた。中井は一夕《いっせき》、原を自宅へ招き、これからの日本についていろいろ言いたいことがあるのだが、もう自分も年をとったし、ものを書く気力もないと珍しく弱音を吐いた。これを聞いた原局長いわく、

「なに、そんなことならわけありません。思うところを雑談風にお話しいただければ、それを速記させせましょう」

とさっそく手はずを整えた。出来上がったのが前掲『櫻洲山人席上演説』で、一部を本書の第二章で抜粋したが、中井の死後数年経って出版されたものである。このなかに重要な記述が含まれている。それこそが、中井の生き方の根本部分であると言ってもよい。そ

れは明治十七（一八八四）年に制定された「華族令」、つまり公侯伯子男の爵位授与に関する法律に苦言を呈した数行である。

本書のなかで中井の知己に与えられた爵位をいちいち付記してあるのは、中井の友人たちがいかに偉いかを示すためでなく、終生この爵位を拒み続けたのは維新の元勲《げんくん》のなかでは、中井のほかにはほとんどいなかったことを強調したかったからである。この中井の薫《くん》陶《とう》を得た原 敬は、総理大臣となったあとも爵位を辞退し、ついに「平民宰相《さいしょう》」という清廉潔白を意味するニックネームで呼ばれることになる。原は心底から陸奥宗光を慕い尊敬したが、爵位については中井の生き方を踏襲した。それが、たとえ、原が考え抜いた政治家として生きるための捨て身の戦法であったとしても、彼にとって最良の選択であったことは否定できない。

明治二十七（一八九四）年八月に日清戦争が勃発《ぼっぱつ》するが、京都府知事として、あらん限りの力を振り絞って遷都記念の大祭の準備に没頭していた中井の体調に変化が見られ、十月十日帰らぬ人となった。享年五十七歳、死因は脳溢血《のういっけつ》であった。

『明治天皇記』〈第八〉は中井の死を次のように報じている。

中井弘薨去　京都府知事正三位勲二等中井弘薨ず、其の維新前後國事に盡力し、外國事務に鞅掌し、尋いで工部大書記官・滋賀縣知事・元老院議官・貴族院議員等に歴任して現官に至る、其の多年の奉職勤務を嘉し、特旨を以て祭資金千圓を賜ふ、十三日其の葬送に際し、勅使として主殿助宇田淵を其の邸に差遣し、白絹二匹を賜ふ、

○官報、恩賜録

こうして明治における隠れた元勲ともいうべき伝説の風流知事、桜洲山人は世を去った。京都府知事拝命の前に元老院議員や貴族院議員にもなったが、こういったことは、風流人からすればおまけのようなものである。

中井桜洲の一生を振り返り、その人となりを思ってみると、座談の名手などといわれたものの、いわゆるテーブルスピーチなども含めて、大衆を前に演説をしたりすることを極端に嫌がったらしい。これは、片岡直温の回想にある。要するに、大向こうを張って舞台に登場したり、英雄気取りをしてみせることを嫌ったようだ。さらに彼が好まなかったのは、実力もないくせに、から威張りをする武士や、権力者に取り入って自己の栄達を遂げようとする官吏たち、あるいは、立場や肩書といった外面的な飾りをひけらかしてふんぞ

り返る、大物を気取る男たちであった。そういった人間に共通するのは、男のエレガンスが備わっていないことであった。また風流な趣《おもむき》を欠いていることであった。

風流とは何か。ひと言でいえば、富貴功名を求めず淡々と日々を過ごすことである。花鳥風月を愛で、晴耕雨読の暮らしをする人もいれば、昼から友と盃を重ねて清談にふける仙人風の人物もいるかもしれない。

しかし、桜洲山人の生涯を追ってみてわかったことは、風流とは、あらゆる人間関係を懐広く抱え込み、ユーモアにあふれた巧みな話術で人を楽しませる。我を張ることなく、他人には何事も強制しない。常に寛容で親切を心がけることである。さらに重要なことは、物事の黒白《こくびゃく》をすぐ決めたがり、しゃかりきになって善悪を問うというような狭量さから抜け出ていることである。

つまり、風流とは何かという問いに答えることは容易ではないけれど、桜洲山人の人生を知れば、何かしら答えが見えてくるのではないだろうか。外部から見ると奇人に思えることもあるかもしれないが、そんなことを一顧だにしないというのが風流人の風流人たる所以《ゆえん》なのであろう。

あとがき

本書執筆の動機として、真っ先に挙げるべきことは、自分の曾《そう》祖父の伝記を正しく書き残すということであった。それと同時に、その人物が薩摩人でありながら、公議政体論者として最後まで坂本龍馬を支え、土佐藩の重役たちとともに大政奉還を実現させた男であったということを読者に知ってもらいたかったのである。

もうひとつ、この人物を通してゆがめられた歴史を正すという試みがあった。注目すべきことは、本書の各章を通して言えることであるが、中井の真実は今まで公《おおやけ》にされてきたものとずいぶん異なるということである。

中井を奇人と評する人もいる。たしかにそういった面もあるだろう。周囲が戸惑うこともいろいろやった。失敗も山ほどある。しかし、よく注意して観察してみると、当時の奇人というのは決して蔑称《べっしょう》ではなく、一般人のやりたくてもやれないことを平気でやってのける人物のことを、親しげに呼ぶときの代名詞だったのではないかと思えてくる。共通しているのは、着衣にこだわらず、外側を飾りたてないことであった。もちろん改まった場所に出るときは正装をしたが、普段はそういうことに金をかけなかった。常に、「人間は中身が大切なのだ」と示しているような気もする。

明治の奇人といえば、なんといっても、その代表格は中江兆民である。彼もしかし、事実は大いに異なり、普段は奇人どころかまったくの正常な紳士であったと力説しているのは、青年時代からその天分をうたわれた幸徳秋水《こうとくしゅうすい》である。彼が師兆民を偲《しの》んで書いた『兆民先生』（幸徳秋水、岩波文庫、一九六〇）を読むと、まるで中井の生き写しのような日常が描かれている。

中井と兆民の関係については、第六章でもふれたが、地位・権威・名誉・財力に微塵《みじん》もこだわらず、瓢々《ひょうひょう》と生きたふたりである。

中井は武士から官僚を経て知事になった男であるが、漢詩人の顔ももつ。兆民は晩年、議員になったり事業家になったりしたが、生涯思想家にして教育者であった。ふたりとも基本的には知識人としての長いキャリアに裏打ちされており、共通しているのは、真実を見極める心眼の鋭さである。不正や欺瞞《ぎまん》を許さない眼力の凄《すご》さである。爵位や家柄などにこだわらず、人間の中身を問い続けた。

本書ではとくに章を設けて兆民を取り上げることはしなかったが、中井が彼と出会ったことは、とくに意義深いことであった。ほとんどすべての元勲《げんくん》たちを陰で支えた中井であったが、真に心を許すことができたのは五代才助（友厚）と兆民であったような気がするのである。


ところで、本書の執筆を開始した翌年、予想外のことが起こった。それは、坂本龍馬暗殺の舞台となった京都近江屋の井口新助の曾孫《ひ》にあたる同名の新助氏が、中井の遺品を京都国立博物館に寄贈されたことである。井口氏とは直接お会いして貴重なお話を伺えたが、この会談をセットしてくださったのは、同館の主任研究官宮川禎一氏である。中井が作成した元勲のアルバムやその他いくつかのエピソードを、氏が『龍馬を読む愉しさ』のなかで紹介されたのが事の始まりであった。井口氏は残念なことに、お会いした翌年亡くなられたが、この一事が今回の伝記執筆に拍車をかけたのは間違いない。

宮川氏のほかにも、この紙面を借りて感謝を申し上げたいのは左記の方々である。

すでに何度か紹介した東京龍馬会の皆川真理子氏の協力がなくして、本書は出来上がらなかったであろう。中井に関する数多くの一次史料の存在を教えてくださったことも大きいが、何よりも中井から重野安繹にあてた書翰《しょかん》の存在は本書の核心部分に影響すると言ってもよく、いくら感謝してもし足りないほどである。

すでに故人となられてしまった元お茶の水女子大学教授の勝部真長先生のお宅へは、何度かお邪魔して、直接貴重なお話を伺えたことは幸運であったとしか言いようがない。

元立教大学教授でD・H・ロレンス研究の泰斗《たいと》であり、剣道七段の腕をもつ打木城太郎先生からは、風流とは何かということと同時に剣の奥義を学ばせて頂いた。

大本山東福寺の塔頭即宗院《たつちゅうそくしゅういん》のご住職で同寺代表役員の杉井哲朗氏には、中井一族および薩摩藩士の墓を何度も案内して頂き、貴重な情報を得ることができた。

中井も含め、江戸時代に初めて海外に渡った日本人の研究をされている、ジャーナリストで、今は作家として活躍されている熊田忠雄氏からは、伝記の書き方について貴重なアドバイスを頂いた。

作家としてすでに定評のある桐野作人氏からも、幕末における薩摩人の動向について貴重なアドバイスを頂いた。氏は鹿児島出身者であり、日本史全般について大変詳しく、大いに助けられた。

松山大学の三好昌文教授からは『松根図書関係文書』をはじめ、慶応年間（一八六五〜六八年）の中井の活動についてご高説を賜った。

鹿児島県歴史資料センター黎明館《れいめいかん》の元調査史料室長の尾口義男氏と元学芸専門員の崎山健文氏、ならびに盛岡の原敬記念館の前館長の遠藤健悦氏、そして港区立港郷土資料館の松本健氏にも資料の閲覧に際しひと方ならぬご尽力を頂いた。心からお礼を申し上げたい。

また、出版社に原稿を持ち込む直前になって、最終的な校正作業を一手に引き受けてくださり、素人の文章を徹底的に直してくださった母校の先輩丸山梅子氏に感謝したい。

最後に、本書の出版にあたり、何から何まで幻冬舎ルネッサンス編集部の金田雄一編集長、栗田亘氏、田中瑠子氏にお世話になった。この場を借りて感謝の意を表したい。

中井桜洲略年譜

年号	西暦	年齢（歳・数え）	出来事
天保 九年	一八三八	一	横山家の長男として誕生、幼名休次郎。
十年	一八三九	二	（幕府高野長英を捕らえる）
嘉永 四年	一八五一	十四	島津斉彬藩主となるが、父休左衛門が仕えた記録なし。
五年	一八五二	十五	家政紊乱し、父休左衛門は遠島、休次郎元服し休之進を名乗る。
六年	一八五三	十六	横山家お家取り潰しとなる。（ペリー来航）
安政 元年	一八五四	十七	横山家は当主不在のため、親族の猿渡家が管理。
四年	一八五七	二十	五代才助、長崎の海軍伝習所へ。
五年	一八五八	二十一	長崎の五代を頼る。（島津斉彬没）
六年	一八五九	二十二	このころ短期間だが鮫島雲城と名乗る。江戸に入る。
万延 元年	一八六〇	二十三	（桜田門外の変）江戸の薩摩藩邸に拘束され、鹿児島へ檻送される。
文久 元年	一八六一	二十四	鹿児島にて谷山の獄に入牢。
二年	一八六二	二十五	右に同じ。（寺田屋騒動、生麦事件）
三年	一八六三	二十六	斉彬公の照國神の勅令あり、大赦で鹿児島を出て長崎を経由し京都へ出る。
元治 元年	一八六四	二十七	京都で志士活動をし、幕吏に追われ、長崎グラバー邸の五代を頼る。五代、

			宇和島藩主伊達宗城に庇護を頼む。家老の松根図書は中井（当時田中幸介）を宗城公に紹介、中井はこれ以降宇和島藩周旋役として京都で活動する。伊達公は福岡の黒田長溥公を中井に紹介する。（小松帯刀、町田民部、大久保利通ら、六月に鹿児島に開成所を創設）
慶応　元年	一八六五	二十八	（薩摩藩英国留学生、長崎を出航する。坂本龍馬、小松帯刀の支援を得て、長崎に亀山社中を置く）
二年	一八六六	二十九	英国へ密航する。表向きは遊学だが、幕吏から逃れるのが目的。
三年	一八六七	三十	英国より帰朝。龍馬や後藤象二郎たちに協力し、「船中八策」の構想に参加。大政奉還建白書作成にも加わる。
四年	一八六八	三十一	中井家を興し、中井弘蔵を名乗る。暴徒に襲撃された英国公使パークスの危急を救い、ビクトリア女王より宝刀を贈られる。
明治　元年	右に同じ		（九月八日改元）
二年	一八六九	三十二	すべての職を辞し、鹿児島に帰郷。父休左衛門を鬼界島より迎え、横山家を再興。鹿児島の状況を江戸の大久保へ伝え、廃藩置県の準備をする。
三年	一八七〇	三十三	鹿児島から上京し、大久保、西郷従道らと協議、ひと月滞在。
四年	一八七一	三十四	西郷隆盛率いる御親兵の一軍曹となり上京、兵部省に入る。（廃藩置県断行、岩倉使節団出航）

明治　五年	一八七二	三十五	左院四等議官に任ぜられる。
六年	一八七三	三十六	四月岩倉使節団を追いパリで合流。大久保利通の送別会を兼ねた鹿児島県人会に出席後、木戸孝允と会い、イタリア各地を視察する。十二月ヨーロッパを発ち、アメリカを経由して太平洋を横断、帰国する。
七年	一八七四	三十七	十月一書記生となりイギリスへ赴任するも、目的は工部省調査。
八年	一八七五	三十八	イギリスに滞在。
九年	一八七六	三十九	五月イギリスより帰国し、七月工部省入省。
十年	一八七七	四十	（木戸孝允病没、西郷隆盛戦死）
十一年	一八七八	四十一	（大久保利通暗殺）
十二年	一八七九	四十二	九月工部権大書記官拝命、十一月より外務省御用掛を兼任。
十五年	一八八二	四十五	九月工部大書記官を拝命。（原敬、外務省御用掛に任ぜられる）
十六年	一八八三	四十六	十一月鹿鳴館開館、中井命名者となる。（十二月長女貞子、原敬に嫁ぐ）
十七年	一八八四	四十七	七月滋賀県令を拝命。（華族令制定）
十九年	一八八六	四十九	初代滋賀県知事を拝命。
二十年	一八八七	五十	明治天皇を滋賀にお迎えし、琵琶湖遊覧の接待役を務める。
二十三年	一八九〇	五十三	明治天皇大津行幸の際、琵琶湖疎水および新県庁舎を案内。 五月滋賀県知事を辞し、元老院議官となる。

			（八月妻竹子病没）
二十六年	一八九三	五十六	十一月第五代京都府知事拝命。
二十七年	一八九四	五十七	十月八日正三位勲二等に叙される。（日清戦争） 十月十日病没。

参考文献

（出版年度順／漢字の表記はその本の奥付に可能な限り従った）

『西洋紀行　航海新説』上下　中井櫻洲　堺屋仁兵衛、一八七〇
『漫遊記程』上中下　櫻洲山人　博文堂、一八七七
『工部省沿革報告』　大蔵省、一八八九
『剣影録』　江間政発　国文社、一八九〇
『郵便報知新聞』　明治二十七（一八九四）年十月十一日付記事
『櫻洲山人席上演説』　中井弘口述、中井與市編　報行社、一八九六
『大久保利通傳』全三巻　勝田孫彌　同文館、一九一〇〜一一（マツノ書店復刻　上中下、二〇〇四）
『伯爵後藤象次郎』　大町桂月　冨山房、一九一四
『A Diplomat in Japan』　Ernest Mason Satow　Seeley, Service & Co.　1921
『土居通夫君傳』　半井桃水　野中昌雄、一九二四（復刻版、近代日本企業家伝叢書七、大空社、一九九八）
『中井櫻洲』　横山詠太郎　革新時報社出版部、一九二六
『松菊木戸公傳』上下　木戸公伝記編纂所編　明治書院、一九二七（マツノ書店復刻全二巻、一九九六）
『大久保利通日記』上下　日本史籍協會、一九二七（マツノ書店復刻、二〇〇七　限定三五〇部）
『大久保利通文書』全十　日本史籍協會、一九二七〜二九　非賣品
『復古記』全十五冊　太政官編　内外書籍　一九二九〜三一（マツノ書店復刻、二〇〇七）
『伊藤痴遊全集』全三十巻　伊藤仁太郎　平凡社、一九二九〜三一　非賣品

『原敬全集』上下　原敬全集刊行会編・刊、一九二九（原書房複製版、一九六九）
『木戸孝允日記』全三　日本史籍協會、一九三二～三三（マツノ書店復刻全三巻、一九九六）
『回想録』　片岡直温　百子居文庫、一九三三　非売品
『五代友厚傳』　五代龍作編・刊、一九三三　非賣品（大空社複製、一九九八）
『櫻洲山人の追憶』　濱谷由太郎編・刊、一九三四　非賣品
『痴遊雑誌』一巻一号～四巻十一号　川村慶吉編　話術倶楽部出版部、一九三五～三八（柏書房復刻　文献資料刊行会編　一九八一）
『偉人暗殺史』　坂井邦夫　玄林社、一九三七
『伊藤博文伝』上中下　春畝公追頌会編、一九四〇（原書房復刻ＯＤ版、二〇〇四）
『維新史』全五巻　維新史料編纂會編　吉川弘文館、一九三八～四一（吉川弘文館複製全六巻、一九八三）
『原敬傳』上下　前田蓮山　高山書院、一九四三
『夜明け前』第一部・第二部各上下　島崎藤村　新潮文庫、一九五五
『原敬』　前田蓮山　時事通信社、一九五八
『五代友厚秘史』　山中園子編　五代友厚七十五周年追悼記念刊行会、一九六〇
『一外交官の見た明治維新』上下　アーネスト・サトウ著　坂田精一訳　岩波文庫、一九六〇
『近世日本国民史』全百巻　徳富猪一郎　近世日本国民史刊行会、一九六〇～六五
『原敬日記』全六巻　原奎一郎、林茂編　福村出版、一九六五～六七
『歴史よもやま話』東洋篇・日本篇上下　池島信平編　文藝春秋、一九六六
『明治天皇』　木村毅　文藝春秋、一九六七
『幕末京都』上下　明田鉄男　白川書院、一九六七

『薩藩海軍史』上中下　公爵島津家編輯所編　原書房、一九六八
『大隈侯昔日譚』　木村毅監修　早稲田大学出版部、一九六九
『大久保利通関係文書』全五巻　立教大学文学部史学科日本史研究室編（一～四巻）、立教大学日本史研究会編（五巻）、吉川弘文館、一九六五～七一
『保古飛呂比　佐佐木高行日記』　東京大學史料編纂所　東京大學出版會、一九七二
『明治天皇紀』第一～十二　宮内庁編　吉川弘文館、一九六八～七五
『幕末』　司馬遼太郎　文藝春秋、一九七三
『天皇の世紀』一～十七　大佛次郎　朝日新聞社、一九六九～七八
『薩摩藩英国留学生』　犬塚孝明　中公新書、一九七四
『岩崎彌太郎日記』　岩崎彌太郎、岩崎彌之助傳記編纂會編・刊、一九七五　非賣品
『王者と道化師』　勝部真長　経済往来社、一九七八
『藩論』　時野谷勝脚注・解説　霊山顕彰会、一九七八
『坂本龍馬のすべて』　平尾道雄編　新人物往来社、一九七九
『翔ぶが如く』一～九　司馬遼太郎　文春文庫、一九八〇
『特命全権大使　米欧回覧実記』全五巻　久米邦武編　田中彰校注　岩波文庫、一九七七～八二
『幕末維新京都史跡事典』　石田孝喜　新人物往来社、一九八三
『パークス伝　日本駐在の日々』　E・V・ディキンズ著　高梨健吉訳　東洋文庫、一九八四
『鹿鳴館　擬西洋化の世界』　富田仁　白水社、一九八四
『海を越えた日本人名事典』　富田仁編　日外アソシエーツ、一九八五
『新版　龍馬のすべて』　平尾道雄　高知新聞社、一九八五

『陸奥宗光』上下　岡崎久彦　ＰＨＰ研究所、一九八七〜八八
『原敬関係文書』全十一巻　日本放送出版協会、一九八四〜八九
『寺田屋騒動』　海音寺潮五郎　文春文庫、一九八七
『堺港攘夷始末』　大岡昇平　中央公論社、一九八九
『大浦慶女伝ノート』　本馬恭子著・刊、一九九〇
『造船王　川崎正蔵の生涯』　三島康雄　同分館出版、一九九三
『中江兆民評伝』　松永昌三　岩波書店、一九九三
『Scottish samurai』　Alexander McKey　Canongate Press　1993
『ペルソナ　三島由紀夫伝』　猪瀬直樹　文藝春秋、一九九五
『岩倉使節団のパリ――山田顕義と木戸孝允 その点と線の軌跡――』　富田仁　翰林書房、一九九七
『陸奥宗光』上下　萩原延壽　朝日新聞社、一九九七
『外務省沿革類従』　外務省編　クレス出版、一九九七
『鹿鳴館を創った男　お雇い建築家 ジョサイア・コンドルの生涯』　亀山けんじ　河出書房新社、一九九八
『遠い崖――アーネスト・サトウ日記抄』1〜14　萩原延壽　朝日新聞社、一九九八〜二〇〇一
『宇和島・吉田旧記　第七輯　松根図書関係文書』　宇和島・吉田旧記刊行会編　佐川印刷、一九九九
『図説　アーネスト・サトウ　幕末維新のイギリス外交官』　横浜開港資料館編　有隣堂、二〇〇一
『明治建国の洋商　トーマス・B・グラバー始末』　内藤初穂　アテネ書房、二〇〇一
『地中海世界を見た日本人　エリートたちの異文化体験』　牟田口義郎　白水社、二〇〇二
『龍馬を読む愉しさ　再発見の手紙が語ること』　宮川禎一　臨川書店、二〇〇三
『龍馬』一〜五　津本陽　角川書店、二〇〇一〜〇三

『桐野利秋日記』　栗原智久編著・訳　PHP研究所、二〇〇四
『藍山公記・宇和島鹿児島両藩交渉史料』　宇和島・吉田旧記刊行会　佐川出版、二〇〇五
『薩摩スチューデント、西へ』　林望　光文社、二〇〇七
『そこに日本人がいた！　海を渡ったご先祖様たち』　熊田忠雄　新潮社、二〇〇七
『木戸孝允　幕末維新の個性』　松尾正人　吉川弘文館、二〇〇七
『近世土佐の群像（一）　溝渕廣之丞のことなど』　渋谷雅之　二〇〇七　非売品
『木戸孝允関係文書』1～4　木戸孝允関係文書研究会編　東京大学出版会、二〇〇五～〇九

お断り：本書での引用文の文字遣いは、できる限り原文に忠実に努めた。ただし、現在使われていない文字については使用可能な文字に置き換えた。

［編集部］

〈著者紹介〉
屋敷茂雄（やしき・しげお）
1944年中国上海生まれ。中井桜洲の曽孫。翌45年東京に移住。1968年立教大学経済学部卒業。1970年より貿易業務に携わりながら、中井桜洲の史資料収集を開始し、本書を執筆する。

中井桜洲《なかいおうしゅう》

明治《めいじ》の元勲《げんくん》に最《もっと》も頼《たよ》られた名参謀《めいさんぼう》【文庫改訂版《ぶんこかいていばん》】

2022年9月16日　第1刷発行

著　者　　屋敷茂雄
発行人　　久保田貴幸

発行元　　株式会社 幻冬舎メディアコンサルティング
〒151-0051　東京都渋谷区千駄ヶ谷4-9-7
電話　03-5411-6440（編集）

発売元　　株式会社 幻冬舎
〒151-0051　東京都渋谷区千駄ヶ谷4-9-7
電話　03-5411-6222（営業）

印刷・製本　シナジーコミュニケーションズ株式会社
装　丁　　弓田和則

検印廃止

Printed in Japan
ISBN 978-4-344-94200-4　C0095
幻冬舎メディアコンサルティングＨＰ
http://www.gentosha-mc.com/